消失的文明

古国

池建新 主编

中国科学技术出版社
·北京·

图书在版编目（CIP）数据

消失的文明 . 古国 / 池建新主编 . -- 北京：中国科学技术出版社，2024.6
ISBN 978-7-5236-0765-7

Ⅰ . ①消… Ⅱ . ①池… Ⅲ . ①古国 – 历史 – 中国 – 通俗读物 Ⅳ . ① K29

中国国家版本馆 CIP 数据核字 (2024) 第 098534 号

策划编辑	徐世新
责任编辑	徐世新　张耀方
封面设计	周伶俐
正文版式	玉兰图书设计
责任校对	吕传新
责任印制	李晓霖

出　　版	中国科学技术出版社
发　　行	中国科学技术出版社有限公司
地　　址	北京市海淀区中关村南大街 16 号
邮　　编	100081
发行电话	010-62173865
传　　真	010-62173081
网　　址	http://www.cspbooks.com.cn

开　　本	710mm×1000mm　1/16
字　　数	130 千字
印　　张	17.25
版　　次	2024 年 6 月第 1 版
印　　次	2024 年 6 月第 1 次印刷
印　　刷	北京瑞禾彩色印刷有限公司
书　　号	ISBN 978-7-5236-0765-7/K・397
定　　价	98.00 元

（凡购买本社图书，如有缺页、倒页、脱页者，本社销售中心负责调换）

科影发现系列丛书总编委会

主　　　任：张　力　池建新

副 主 任：余立军　佟　烨　刘　未　金　霞　鲍永红

委　　　员：周莉芬　李金玮　任　超　陈子隽　林毓佳

本书编委会

主　　　编：池建新

成　　　员：葛晓娟　任　超　陈子隽　李晓龙　刘　蓓
　　　　　　张　鹏　林毓佳　樊　川　赵显婷　郭　艳
　　　　　　宗明明　郭海娜

版式设计：赵　景　易爱红

图片来源：北京发现纪实传媒纪录片素材库
　　　　　　图虫网　神笔 PRO

池建新

　　著名纪录片制作人。中央新影集团副总经理，发现纪实传媒董事长兼总经理。中国电影家协会理事，首都纪录片发展协会科学纪录片专委会秘书长。中国传媒大学客座教授。

　　编撰了大型系列图书《中国电影百年精选》，出版了著作《频道先锋——电视频道运营攻略》。

　　代表作包括《手术两百年》《中国手作》《留法岁月》《人参》等大型纪录片；创建央视《百科探秘》《创新无限》《文明密码》《考古拼图》《第N个空间》《创业英雄》等栏目，担任制片人。

　　带领的团队获得金鸡奖、百花奖、星花奖、中国纪录片十佳十优、纪录中国、中国纪录片学院奖及中国广播电视协会等颁发的各类奖100多项。

科影发现

中央新影集团下属优质科普读物出版品牌，致力于科学人文内容的纪录和传播。团队主创人员由资深纪录片人、出版人、文化学者、专业插画师等组成。团队与电子工业出版社、清华大学出版社、机械工业出版社、中国科学技术出版社等国内多家出版社合作，先后策划、制作、出版了《我们的身体超厉害》《不可思议的人体大探秘：手术两百年》《门捷列夫很忙：给孩子的化学启蒙》《小也无穷大》《中国手作》《文明的邂逅》等多部优质图书。

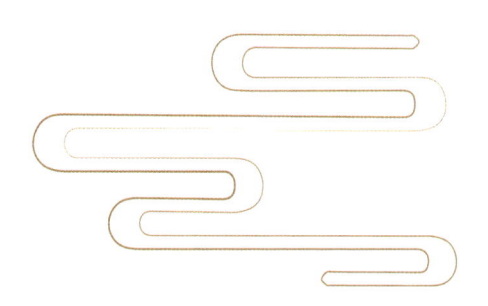

序

历史长河,古国遗踪

历史的长河,犹如一幅繁复的画卷,上面描绘着各种文明群体和国度的生动画像。这些文明和国度,像星辰般熠熠生辉,为人类的进步历程增添了不可或缺的色彩和光芒。

然而,世事如棋,分久必合,合久必分。这些曾经繁华的古国,有的在历史的洪流中渐渐消失,曾经的智慧和繁华湮灭在了历史的尘烟之中。

这些古国何时建立,又为何消失了呢?考古专家和历史学家苦苦寻找它们的消失之谜,想通过各种扑朔迷离的考古线索,探寻那些古国的真相。

在中华民族五千年历史长河中,有六大古国的文明格外引人注目,值得我们去深度探究。

两千多年前,有一个古国崛起于云南滇池,司马迁在《史记》中称之为"滇国"。滇国是中国西南边疆古代民族建立的王国,出现于战国中期,消失于东汉中期,大约存在了390年。它曾因出土"滇王之印"轰动考古学界,又以灿烂独特的青铜文化而闻名,经过半个多世纪的考古发掘,共考证出三大墓葬群。在遥远的两千多年前,古滇国有过男耕女织、渔歌唱晚的幸福生活,但是一场瘟疫让这一文明毁于一旦,令人叹息。

女儿国,一个只听名字就十分神秘的国度,它最早出现在《山海经》中,充满了光怪陆离的色彩。研究女儿国,对人类社会发展的研究有重要的意义。而女儿国真的存在吗?它到底在哪里?它与现在云南泸沽湖的"女儿国"是否是同一个呢?在女儿国遗留下的碉楼,一步步拉开探寻女儿国的序幕。

句町国，在史籍中被称为西南夷，可能起源于商代，位于广西、云南、贵州三地交界处，兴盛于战国至西汉时期。考古专家通过先后出土的一面面工艺精湛的铜鼓，去探究句町国的文明发展和消亡的秘密。

泗水国，一个古老而神秘的国度，在西汉时期是汉武帝在江苏境内分封的三大诸侯国之一。汉武帝刘彻于公元前116年在泗水北侧建泗阳县，又封常山宪王子商为泗水王。泗水王从刘商到刘靖，相继传五代六王，历经百年的兴衰，留下辉煌灿烂的文化。

在现新疆库车绿洲境内，有一处古国遗址，里面遍布佛教石窟，石窟内拥有大量精美的舞乐壁画。这些石窟艺术被称作"第二个敦煌莫高窟"，展现着那个特殊国度的高度文明。龟兹，是中国古代西域大国，汉朝时为西域北道诸国之一，唐代为安西四镇之一。是谁在什么时候建立了龟兹国？这里又经历了怎样的战乱和纷争？

秦朝灭亡后，南海郡尉赵佗于公元前203年在广州建立了南越国。南越国曾先后两次臣属于西汉，成为西汉的"外藩"。公元前111年，南越国末代君主赵建德被西汉军队擒获，南越国被汉武帝所灭，历经五任国王，共存93年。通过考古探寻，南越国的政治制度、社会生活、国家政策、经济文化发展等逐渐展露出来，中国岭南地区一个重要的政权露出真容。

神秘古国消失的真相，扑朔迷离的历史谜团，跌宕起伏的考古大发现，让我们在古国消失之谜的探寻中，开启一场充满智趣的发现之旅吧！

王陵谜踪——泗水国

- 句町国的消失 … 130
- 墓葬群的秘密 … 134
- 神秘的泗水国 … 138
- 两座古墓 … 146
- 「泗水王冢」与刘绥印章 … 159
- 神秘的泗水王家 … 164
- 泗水王的秘密 … 170

绿洲佛国——龟兹国

- 一本桦树皮书引发的探索 … 176
- 佛教盛行的龟兹王城 … 184
- 龟兹国的珍宝——鸠摩罗什 … 190
- 龟兹归汉 … 198
- 中原文化的印记 … 204
- 再次卷入战争的洪流 … 207
- 龟兹国耀煌的艺术遗产 … 213

深山里的王国——南越国

- 象岗山突现南越古墓 … 226
- 南越王赵佗的传奇人生 … 232
- 古墓探秘 … 237
- 蚕缕玉衣的主人是谁？ … 248
- 绯闻、阴谋与南越国的陨落 … 252
- 一座古墓，一座宝库 … 254
- 南越国的传说还在继续 … 258

目录

青铜之谜——古滇国 001

- 神秘的古滇国 002
- 一件青铜器带来的惊喜 008
- 石寨山王室墓葬群 010
- 李家山贵族墓葬群 014
- 金莲山平民墓葬群 016
- 抚仙湖下的乱石 026
- 奇怪的墓葬群 028
- 古滇国浮出水面 036
- 古滇国消失之谜 039

神秘的国度——女儿国 047

- 女儿国的神秘面纱 048
- 美人谷溯源 053
- 古老习俗的背后 056
- 神秘碉楼与女儿国 059
- 母系氏族楼与女儿国 076
- 女性作为统治者的踪影 080
- 泸沽湖的女儿国 082
- 女儿国的消失 098

铜鼓的回响——句町国 103

- 铜鼓溯源 104
- 句町国寻踪 111
- 岩画和铜鼓的佐证 118
- 铜鼓的归属 122
- 神秘的句町王 124

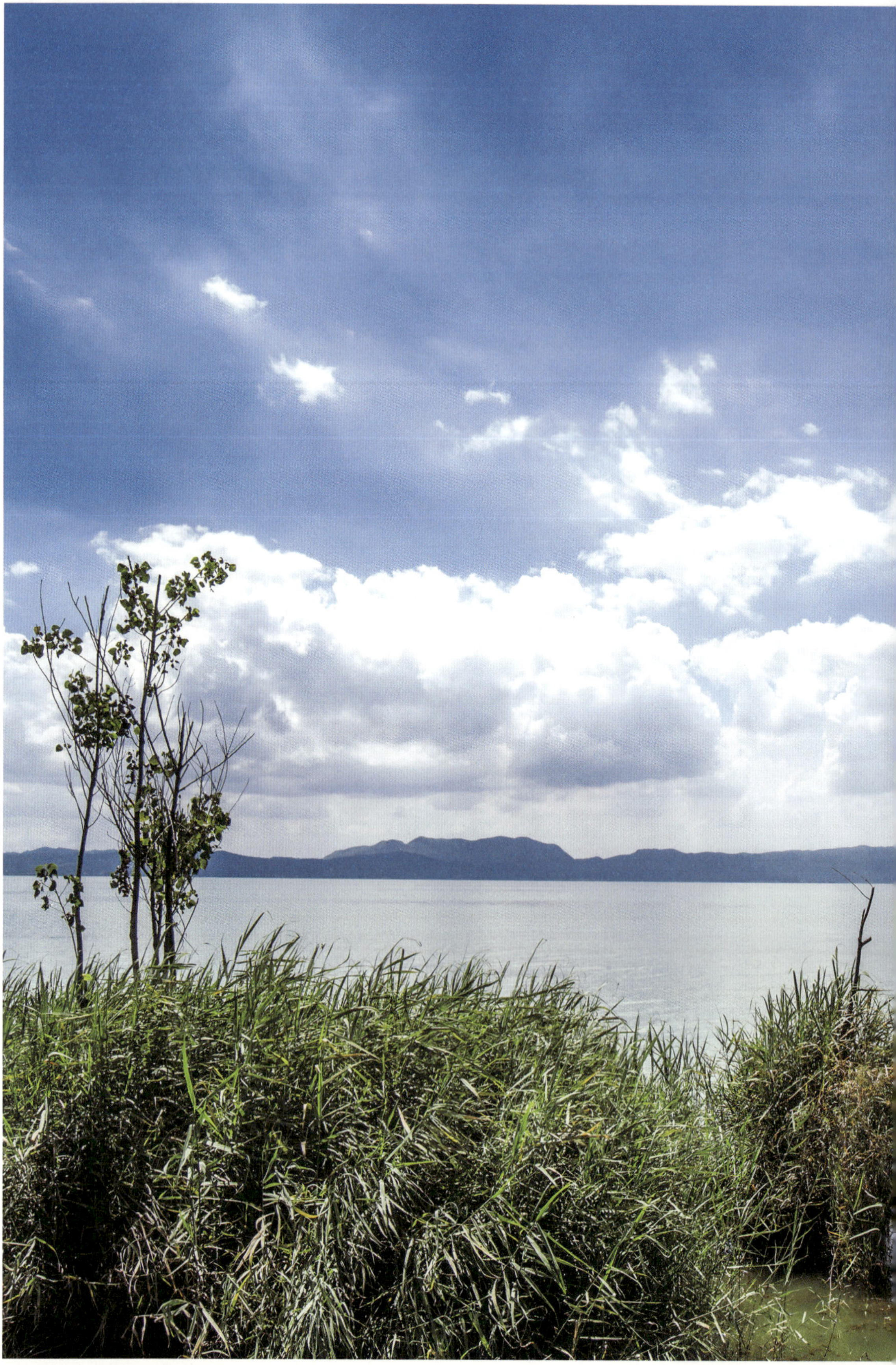

青铜之谜
——古滇国

　　两千多年前，大约公元前 278 年至公元 115 年，云南滇池东岸有一个西南边疆古代民族建立的古国，司马迁在《史记》中称之为"滇国"，国都旧址位于今昆明市晋宁区晋城镇，主要民族是古代滇人部落，历史学家称为滇族。据考证，滇国出现于战国中期，消失于东汉中期，大约存在了 390 年。今滇池湖畔的石寨山为王室墓地、李家山为贵族墓地、金莲山为平民墓地。

　　在遥远的两千多年前，这里曾经有高度发达的青铜文明，也有男耕女织、渔歌唱晚的幸福生活，究竟是什么原因让古滇国消失了呢？

昆明的天池

神秘的古滇国

这是两千多年前的一个故事，发生在遥远的西南边陲。当年轻的大汉军官和他的士兵猛然遭遇这些敌人的时候，他们并没有意识到，自己的这次遭遇将把一个遥远的地方政权带入汉朝的视野。这些敌人有着他们从未见过的奇怪装束，头上盘着高高的发髻，手持青铜兵器，目光凶残，一言不发。在对方的营地，他们和当地的一位首领进行了交谈，相互探询之间，一个神秘的地方政权浮出水面。在大汉王朝的西南边陲，竟然有着这样一个特别的部族，他们自称为"滇国"，并且还有自己的国君——滇王。

这些大汉的士兵之所以出现在遥远的西南边陲，要从几年前的长安说起。公元前141年，汉武帝刘彻登上帝位，开启了汉王朝最鼎盛繁荣的时期，中国的封建王朝迎来了第一个发展高峰。

此时的大汉王朝经济实力非常强大，官方的积蓄也相当充足。史书中记载了当时的盛况：国库里钱币堆成山，穿钱的线都腐朽了；粮库里积压的粮食无数，仓库容纳不下只好露天

两军对峙情景模拟

青铜之谜——古滇国

堆放，很多谷子都腐烂了。汉武帝施展着雄才大略，帝国的疆域扩展到空前的范围。在这个时期，中国古代的对外贸易也出现了第一次大的飞跃。在此之前，对外贸易不过是少数勇敢商人单枪匹马的个体探索，自张骞出使西域，开辟了丝绸之路后，对外贸易逐渐成为强大的中央政府支持与保护下的国家事业。中国的货物可以经玉门关、阳关以西直达中亚地区。

然而，帝国的西南方向，历来缺乏关键的通道，如果能在这里也开辟一条类似于丝绸之路的通道，就打通了进入东南亚和南亚的关口。由于西南地区部族众多、山高林密、瘴气横行，向来被视作险途，高居长安的官员们对这里显然也并无太多的了解。

于是，年轻的汉武帝

汉武大帝雕塑

开始寻找一切机会，探听西南方向的消息。在一位归国使者的奏章之中，他捕捉到了一条重要的信息。按照西域大夏国人的说法，在中国的西南有一条古道，甚至可以通达遥远的天竺。这虽只是道听途说，却让

青铜之谜——古滇国

汉武帝非常兴奋，他马上派出四路人马，前往西南方向，寻找那条传说中的古代通道。

由于没有明确的线索，这些士兵只能像无头苍蝇一般扎入西南茂密的山林之中。对于这里特殊的地形和气候，他们显然并不适应，很多人失踪走散，出发半年后，队伍就已经死伤大半。其中的几名士兵历尽艰辛，来到了今天的云南滇池附近，他们点燃了一堆篝火，四处飘散的烟雾，最终引起了当地人的注意。

这些大汉帝国的士兵被释放之后，关于滇国的消息也经最近的驿站飞报长安。这个来自遥远的西南边陲的消息得到了汉武帝的高度重视，当即让奏报的驿丞直入朝堂呈上奏章，并亲自询问。这个名为滇国的地方政权就此走入了大汉帝国的视野之中。

这段故事并非杜撰，朝堂

日落时的滇池

对答的内容被著名史学家司马迁记录在《史记》中，"西南夷君长以什数，夜郎最大；其西靡莫之属以什数，滇最大……此皆魋结、耕田、有邑聚"。这段话的大意为：在汉帝国的西南之地，有很多部族，其中夜郎国是最大的；夜郎国的西边还有很多部族，滇国是最大的。那里的人都发髻高耸，以农耕为主，聚居在村落中。

然而，或许是由于地处偏远人迹罕至，或许是滇国过于渺小，难以让历代的中央政府对它产生更大的兴趣。两千多年来，除了这么几段偶尔提及的文字，滇国再也没有留下任何信息。人们面对司马迁的记述时也充满困惑：这个滇国，在历史上真的存在过吗？

人们对古滇国的了解，是从《史记》以及后世的《汉书》《后汉书》《华阳国志》中获取的信息。而关于这段历史的记载，也都抄录了司马迁的《史记·西南夷列传》，并没有补充更多新的内容。所以，长期以来，人们对古滇国的了解，就固定在了司马迁的记载之中。

云南密林

一件青铜器带来的惊喜

时光就这么静静地流淌了两千多年，1956 年前后，一些样式奇怪的青铜文物在云南昆明的市面上悄然出现。有一位古董商人拿着这种文物找到专家，希望能得到更多的信息，没想到这件青铜器却让专家大吃一惊。

中国的青铜器流行于新石器时代晚期至秦汉时期，其中以商周时期的器物最为精美，器型多种多样，花纹繁缛富丽，很多都刻有铭文。然而，古董商人拿来的青铜器的样式却和商周时期的青铜器完全不同。专家忽然想到，这件青铜器会不会就出自云南本地呢？但是，在世人眼中，古代历史上的云南是一个烟瘴弥漫的边陲之地，难道早在商周时期，那里就有着和中原一样的青铜文明吗？

古董商人的说法初步证实了专家的猜测。据卖给他这件青铜器的人说，这件器物出自昆明附近的梁王山。这个信息让专家们大为震撼，第二天天一亮，他

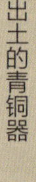

们就带上全套的考古装备直奔梁王山。如果事实确实如此，关于云南古代的历史可能需要重新书写。然而，他们几乎找遍了梁王山上的每一寸土地，却连一座古墓都没有发现。专家们开始怀疑，是不是古董商人隐瞒了青铜器真实的出处呢？

就在大家四处打听这件文物出土地的时候，正好碰见云南文史馆的房书梅老先生。房老先生的家在晋宁的石寨山附近，他说他们那边在抗战时期就出土过青铜器，好的都被那些地主乡绅拿去了，其他比较残的被当成废铁、废铜卖了。

这个意外的线索让大家又兴奋起来，因为房老先生所说的石寨山距离古董商人所说的梁王山非常近，于是大家立刻转头奔赴石寨山。一到那里，马上有了重大的发现，他们找到了出土青铜器的一些坑，当地的村民还跟他们描述每个坑里出土的物品。同时，他们在村民手里也收到了跟古董商手中类似的文物，如青铜剑、青铜矛等。

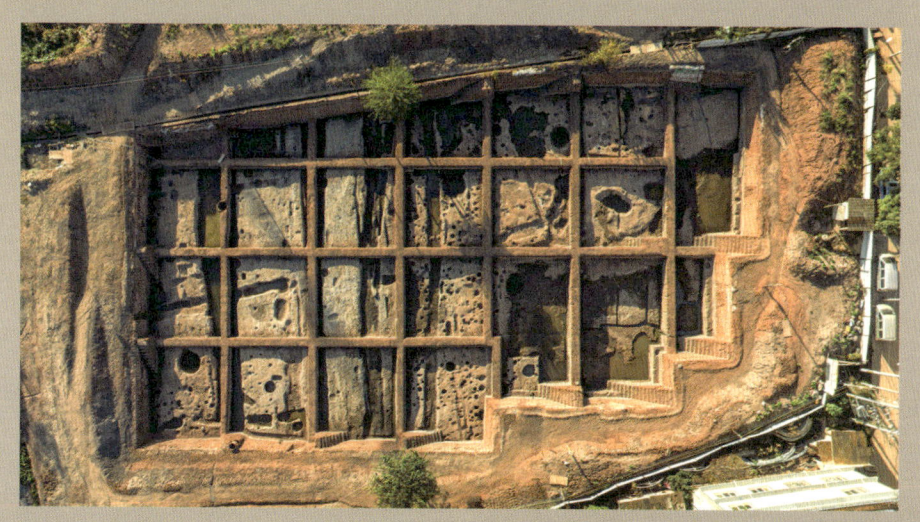

石寨山考古遗址

石寨山王室墓葬群

新的发现给了大家极大的鼓舞,他们马上对石寨山进行了勘察,确定了这里存在大型古墓,并很快找到了古墓的位置。随后,石寨山出土的青铜器让整个考古界都为之震撼。

首先出土的是大量用来放置贝壳的储贝器,贝壳曾是古代用于交易的货币,也是财富的象征。在直径仅仅几十厘米的储贝器盖子上,有着极其精美的雕塑,上面布满了各种各样的人物,表现了战争、狩猎、祭祀等丰富的生活场景,表现出高度发达的青铜文化和制作工艺。

青铜储贝器盖子上的各式造型

青铜之谜——古滇国

然而，让专家们疑惑的是，这些器物上并没有类似商周青铜器上的铭文。无论青铜器的造型本身，还是装饰在青铜器上面的纹饰，都跟北方中原地区的商周青铜器完全不一样。很多人认为这些是云南少数民族的东西，但到底属于什么时期谁也不清楚，因为以前谁都没见过。

直到后来，一件特别的储贝器引起了人们的注意。这是一件表现祭祀活动的储贝器，直径30厘米的盖子上竟然铸有52个栩栩如生的人物，人群的中央立着一根双蛇盘绕的柱子，整个场面显得神秘而诡异。

有些专家提出，双蛇盘绕的柱子应该是社柱。可社柱是古代诸侯王才可设立的标志，在远离中原文明的西南边陲怎么会有显赫的诸侯王呢？难道历史上的古滇国真的存在过？

有的专家突然想到，这根双蛇盘绕的柱子应该就是社柱。社柱是古代的诸侯王才可以设立的标志，代表了天子赋予自己的至高无上的权力。

表现祭祀活动的储贝器

011

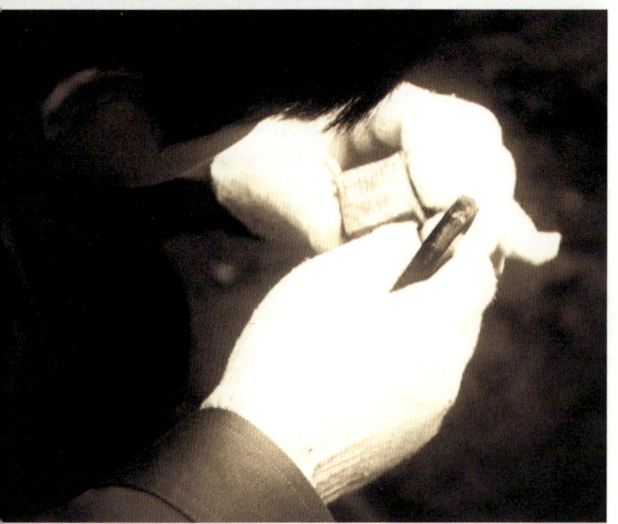

"滇王之印"出土现场

然而，一直到考古发掘工作即将结束也没有更多的线索出现。大多数的考古人员已经撤回昆明，现场只留下了几名同事进行最后的收尾工作。就在这时，一名队员发现了一件之前遗漏的器物。

突然，他猛然站起身来大声地呼唤着其他队友，大伙马上围拢过来，却有些失望地发现他手里拿着的只是一件2厘米左右大小的器物。在这片动辄出土直径几十厘米的大型青铜器物的墓葬群中，这么小的器物根本算不上什么大发现。然而，当抹去它表面的泥土之后，他们看到上面赫然刻着4个字——"滇王之印"。

在两千多年前，司马

滇王之印

迁在《史记》中留下了关于古滇国寥寥数字的记载，其中提到过汉武帝曾经赐给过滇王一枚王印，并让他继续管理这片土地。这恰好与出土的印章相互印证。古滇国，这个神秘的地方政权，终于又一次呈现在世人的面前。

这枚"滇王之印"不仅通体黄金打造，其型制也是古代诸侯王才能使用的龟钮蛇身。这枚金印，证明了石寨山正是古滇国的王室墓地。一个尘封了两千多年的青铜文明就此拉开了序幕。

虽然石寨山的考古发掘已经结束，但是关于古滇国的起源、消失，以及它的社会形态等仍然是谜。

李家山贵族墓葬群

石寨山的惊鸿一瞥之后,关于古滇国的认知再次停滞了10年之久。1966年,就在距离石寨山不太远的李家山上,又有了新的发现。当时正值农业耕作的最佳时令,暴雨却下了20多天。等到雨过天晴后,村民们开始上山耕作。由于暴雨的连续冲刷,梯田十分松软,他们几锄头下去后,竟然有一些奇怪的金属物体露了出来。

大铲铲、宝剑、小缸子、铜斧头、铠甲壳……这是村民给这些宝贝起的名字。之后,他们把这些卖给了村里的供销社。仅短短几天,一个偏僻的农村供销社就收购了好几吨的"废铜烂铁"。

这个反常的消息马上引起了考古专家的注意,从而引发了对李家山的考古发掘。

挖掘现场

青铜之谜——古滇国

通过考古挖掘，专家们有了一个惊人的发现：李家山出土的青铜器数量接近河南殷墟出土的商代青铜器数量的一半。其独特的型制表明，它和石寨山墓葬群一样，属于那个神秘的古滇国，李家山墓葬群是一处大型的古滇国贵族墓地。

右下图是李家山出土的最为知名的青铜器物——牛虎铜案，被誉为中国青铜器物的稀世珍品。文物界向来有"北有马踏飞燕，南有牛虎铜案"的说法。整个器物的造型以一头体壮的大牛为主体，一只猛虎四爪紧蹬于牛身，咬住牛尾虎视眈眈。大牛的肚子下面立着一只小牛，寓意了大牛牺牲自己保护小牛。

有的学者把古滇国的青铜文明誉为世界几大青铜文明之一。它与中原地区出土的青铜文明既有联系，又有区别，具有非常浓郁的地域特色。

李家山墓葬群出土的青铜器

牛虎铜案

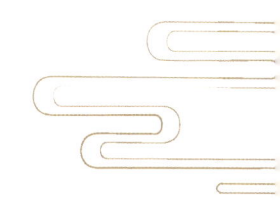

消失的文明:古国

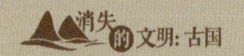

金莲山平民墓葬群

时间走到了2006年,就在与李家山一湖之隔的云南省澄江市,一座名为金莲山的小山包再次引起了考古专家们的注意。澄江县文化局的工作人员在这座小山包上,发现了近200个盗洞和一些青铜器碎片。

经过初步勘察,专家们推测金莲山上很可能也有一片古滇国时期的墓葬群。在李家山考古发掘之后,经过长达40年的等待,新的线索再次出现。

专家推测,这个墓地可能是青铜时代的。做出这个推测的重要原因是金莲山的地理位置:金莲山的脚下是中国排名第一的深水型淡水湖——抚仙湖,而湖的对岸是古滇国贵族墓地——李家山墓葬群。

颇有意思的是,李家山当年的故事也曾在一湖之隔的金莲山上演。旧城村的老人们也有过在金莲山上频繁捡到奇怪铜物件的历史。大约是20世纪50年代末,当地农民在山上犁地,经常犁出很多小瓢瓢、小缸缸、

挖掘现场

金莲山墓葬群位置

金莲山出土文物

毛毛钱和小犁耙。这些样式奇怪、锈迹斑斑的铜物件，最终的去向也是供销社的废品收购站。

这些往事让考古人员非常兴奋，既然金莲山和李家山有如此相似的故事，两地的距离又是如此之近，那么金莲山上会不会有重大的发现呢？

经过周密的准备，并报请相关部门批准后，2008年5月9日，金莲山墓葬群的大规模考古发掘正式开始。

这次发掘选取了金莲山顶部墓葬最集中，也是被盗最严重的600平方米左右的区域。正如专家们之前预料的一样，首先出土的是大量的青铜器物。这就把金莲山墓葬群的年代界定在了云南历史上辉煌的青铜时代——神秘的古滇国时期。然而，让专家们有些失望的是，金莲山出土的这些青铜器物，主要以刀剑和一些生活用品为主，和石寨山以及李家山出土的青铜器物相比，金莲山出土的器物在精致程度上逊色很多。

一些专家开始怀疑，金莲山上的这些墓葬会不会根本不是古滇国时期的呢？仿佛是为了印证他们的怀疑，几天之后，一件奇怪的事情发生了。在一处墓葬里，专家竟然发现了一些残缺的人骨，也可以说是人骨残渣，骨头上还有随葬的手镯。这就给金莲山墓葬群的时代判定又蒙上了一层疑云。按照专家们的经验，由于年代久远，古滇国时期的墓葬中一般不会有人骨出土。两天之后，考古队员在另外一处被盗过的墓葬中，又发现了一些人骨，而且这两处墓葬中都没有发现随葬的青铜器。

不过，随后几天发掘的一处墓葬很快给出了解释。这处墓葬中同样发现了人骨，同时还发现了一件器物，经过考证是清

抚仙湖

代官帽上的部件。专家们由此推断，金莲山很可能是使用时间长达千年的公共墓地。

然而，一个疑问也随之产生，金莲山脚下只有一个名为旧城村的小村子，怎么会有如此历史悠久的传统墓地呢？村民的说法引起了专家们的注意。据他们说，历史上的旧城村曾经是一个大城市，而且是州府的所在地。

对于这种说法，考古人员自然心怀疑惑。古代的州府基本相当于现在的地级市，无论是行政级别和管辖范围都比澄江县还要高上一级。

让他们意外的是，在一册道光年间的《澂江府志》中，旧城村的位置被明确注明为州府的所在地，它的旁边就是金莲山。而在其他章节里，更详细地记载着明代隆庆五年（1571年）修筑新城的历史。

古籍中旧城村和金莲山的位置

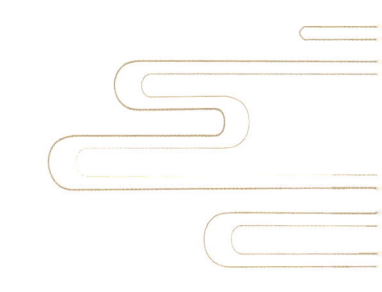

挖掘现场

　　当时的澄江县管辖玉溪、建水、宜良一片，包括阳宗。到了明代隆庆二年（1568年），澄江的县城就从金莲山脚下的旧城村迁到了现在的舞凤山脚下。

　　1571年，当时的政府把原来的州府搬到了现在的澄江县城，而旧城这个名字也随之诞生且沿用至今。

　　这个结果让专家们倍感失望，金莲山如果只是一片历代公墓，那价值自然就要大打折扣。毕竟，他们展开如此大规模的考古发掘，是冲着古滇国这几个字来的。但是，这种失望很快就变成了疑问。随着发掘的推进，人骨开始大量出现，而且周围还有随葬的青铜器物。这让专家们意识到，他们之前对金莲山墓葬群的年代界定很可能出现了重大问题。

　　如果说是古滇国时期的墓葬，大量人骨的出现就不好解释；如果说是之后的墓葬，青铜器的出现同样难以解释。考古发掘已经进行了一个多月，但对于墓葬年代的界定却依然没有找到答案，种种奇怪的迹象仿佛迷雾一般，笼罩在金莲山上。

　　考古专家们决定，将这些出土的人骨送到吉林大学的边疆考古中心，进行系统的DNA检测，希望能找到更进一步的线索。但是，这次的 DNA 检测同样面临很大的困难。因为经过上千年的自然降解，这些人骨中的 DNA 信息大多已经缺失，要对它们进行 DNA 提取，难度确实太大了。

果然，一个实验周期过后，工作人员们失望地发现，这些骨骼中的 DNA 信息基本全部缺失，就连死者性别这样最基础的信息都难以得出。

金莲山的考古工作仍在继续，每天都有十余座墓葬在同时发掘。就在这天，在一处墓葬中出土了一件不寻常的物品。它看上去只有六七厘米长，但形状却不像常见的青铜装饰品，更像是耕田用的农具——犁。

通过考证，专家认为这件青铜犁就是专门为陪葬制作的冥器。它的出现，似乎在向人们昭示着某种中原文化的痕迹。在中原地区的汉代墓葬中，微缩的炉灶和水井等冥器就经常出土。难道，金莲山上的这些墓葬并不属于古滇国，而是和中原有所关联吗？

青铜犁

千里之外的吉林大学实验室里，科研人员仍然在尽力寻找着相关的线索。虽然上一轮的实验没有成功，但运来的人骨标本是海量的，假如能从中得到一小段完整的 DNA 片段，通过和数据库中各民族 DNA 的比对，也有可能判断出这些死者大致的人群结构。专家要通过线粒体 DNA 或者 Y 染色体，了解他们父系的遗传结构或母系的遗传结构。因为不同的地区，可能有一些特殊的线粒体世系或者单倍型类群，可以作为人群划分的证明。

科研人员对大量的骨骼标本进行了试验，其中有几例确实提取到了一定的 DNA 数据，但这些 DNA 数据无法拼凑出一段有价值的序列。直到有一天，在一颗出土的牙齿里，他们终于发现了一段相对完整的序列。经过比对，这一序列和百越人群的序列比较接近。百越人群是中国古代南方越人的总称。广泛分布在中国南部地区，因为部落众多，故总称为百越。金莲山墓葬群的主人很可能就是本地族群，而他们的后代也依然生活在这片土地上。

虽然，这仅有的一段序列，难以构成统计学上的意义，但这无疑是一个有用的信息。由此看来，金莲山上埋葬的人确实很可能就是本地的族群，自然也很可能就是古滇国人。这个发现，让考古现场的工作人员热情空前高涨。

好消息接踵而至。几天之后,在第287号墓中,一个意外的收获出现了。在这些有着上千年历史的墓葬中,竟然有一些陶器出土了。

这无疑是一个巨大的好消息,因为相比青铜器,陶器正是判断墓葬时代更准确的参照物。一般情况下,陶器能够更准确反映年代的差异,这是由陶器和青铜器的属性决定的。青铜器抗腐蚀、易保存,但陶器易碎,所以时代性比青铜器更明显。

挖掘出的陶器

经过仔细比对后，专家们兴奋地发现，金莲山出土的陶器和之前石寨山以及李家山出土的陶器非常相似，只是在具体型制方面有一些变化。正是这些不起眼的陶器，给出了最有力的证明。笼罩在金莲山上的迷雾终于揭开，金莲山墓葬群确实属于云南的青铜时代——神秘的古滇国时期。

金莲山出土的陶器

这是一个让人兴奋不已的结论，1956年的石寨山第一次考古发掘已经过去了50多年，继李家山之后，古滇国的面纱将被再次揭开。金莲山墓葬群无疑将是继石寨山墓葬群和李家山墓葬群之后的又一座古滇国墓葬群，而这三座墓葬构成的三角形区域很可能就是古滇国最核心的区域所在。

金莲山墓葬群的发掘，终于可以让我们再次回望那个两千多年前神秘的地方政权。虽然金莲山没有挖掘出与过去的古滇国墓葬中同样精致的文物，但是那些看似简陋的出土器物正好表明了它的迥异之处，这里埋葬的正是古滇国最为广大的平民百姓。从这片古滇国时期巨大的墓葬中，我们是否能够揭开困扰了人们两千多年的谜团？

三角形墓葬群

抚仙湖下的乱石

位于古滇国核心三角形区域正中的，是中国最大的深水型淡水湖——抚仙湖。长久以来，关于这片湖，还流传着一个颇为神秘的传说。据说很久以前，抚仙湖底是一座城池，因为山洪暴发、地震等原因，导致城池塌陷，变为了一片汪洋。

抚仙湖俯瞰图

专家用声呐技术初步探查了抚仙湖湖底的人工遗迹，水下这片凌乱石块的分布区域大约2.4平方千米，已经超过了一个普通城市的面积，古滇国如果能够有这么大面积的城池，那可是很了不得的。

奇怪的墓葬群

抚仙湖水下城池的秘密依然没有揭开，而在湖畔的金莲山上，古滇国墓葬的种种奇怪之处却开始逐一显现。专家们发现，这里的很多墓葬竟然层层叠置，清理完一层尸骨再往下挖20厘米左右，就会有另一层尸骨出现，而且每一层都有随葬品。最初，考古人员以为是不同时期的墓葬巧合地埋葬在了一起，但后来发现这绝对不是巧合，而是有意制造的叠层墓穴。而这种现象在以前的古滇国墓葬发掘中从来没有出现过。

显然，金莲山上埋葬的死者数量将会大大超过之前的预

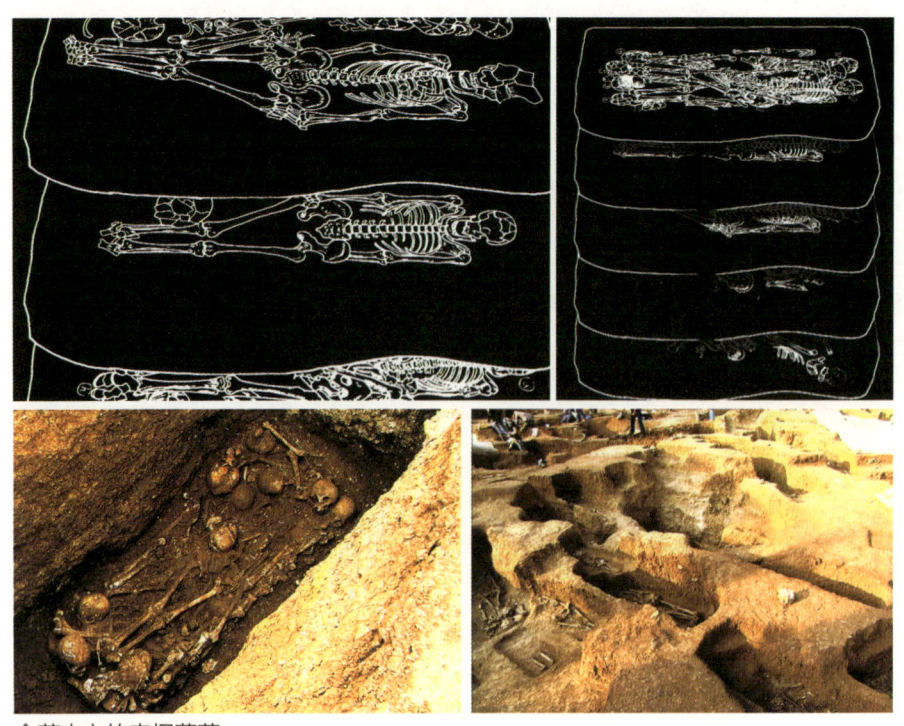

金莲山上的奇怪墓葬

计，而且这些死者骨骸摆放的形态也是千奇百怪。于是，判断一个墓穴中到底埋葬了多少人，这些人是男是女，这个在其他考古发掘中非常简单的问题，在金莲山的发掘现场却成了一个难题。

而且，此次的考古发掘只选择了金莲山顶部墓葬最集中的600平方米左右的区域，就已经发现了数以千计的死者，那么这座小山包上，究竟埋葬了多少人呢？这让现场的专家们不禁产生了这样的疑问，他们决定，对金莲山进行一次大规模的整体勘探。没想到勘探工作刚一开始，就发现了大量的青铜器碎片。

勘探的最终结果更是让所有人都大吃一惊，在这座小山包上，竟然接近一半的面积都有古墓，数量多达400多座。由此推断，金莲山上埋葬的死者可以达到上万人。

显然，金莲山正是一座古滇国时期的超大型平民墓地，面对层层叠置的尸骨，考古专家们决定，让体质人类学专家提前进入发掘现场，对人骨做鉴定。

这些人的死因究竟是什么？是正常的生老病死还是非正常的死亡？要回答这一系列的问

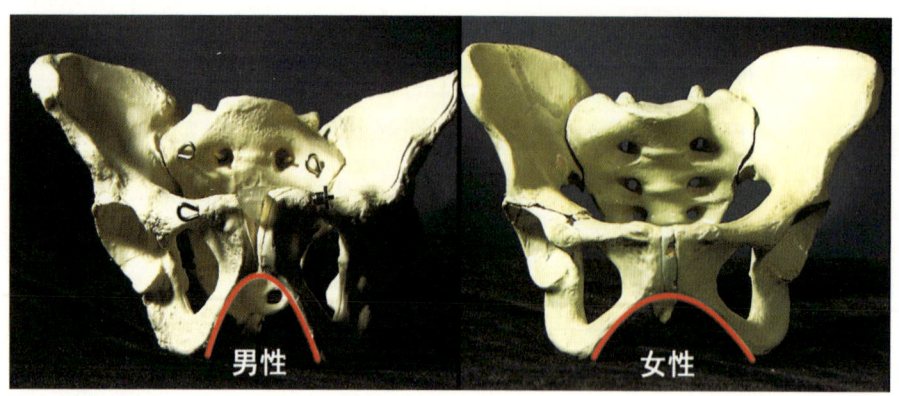

男女骨盆对比

题，体质人类学家们的首要工作是性别鉴定，而判定的主要依据是死者骨骼的形态特征，其中最关键的是骨盆的形态。

在人类骨盆的正前方，有一个呈三角形的区域，这个区域开角的大小能直观地反映出死者的性别：男性的开角比较窄，女性的开角比较宽。通过对骨盆形态的测量，专家们还得出了这些死者大致的年龄信息。

初步的鉴定工作结束后，体质人类学家们给出了一个让人意外的答案：这片墓葬里上千名死者的性别结构正常，男女比例大致相当。但与此同时，他们也发现了一个不同寻常的现象：这些死者的年龄绝大多数是在20~40岁，正值壮年的人为何会纷纷死去呢？

针对这样一个反常的年龄结构，用正常的生老病死已经很难解释。专家们觉得，墓葬中的很多青年和中年死者很可能是非正常死亡，因为从死亡年龄上来看，他们正是年富力强可以上战场打仗的年纪。因此，有的考古人员提出一个假设：这些人会不会是由于战争而死亡的呢？

金莲山上的很多墓葬中尸骨摆放得极其杂乱，似乎毫无规律，这说明这些死者很可能被进行了二次葬，也就是在死亡一段时间后，重新收拾尸骨再次埋葬。

直到现在，二次葬的做法在一些地方的民俗中仍在使用，这个仪式一般会在一次葬的3~5年后举行。此时，尸体早已经血肉化尽，可以打开坟冢，捡骨重葬了。二次葬全过程有一套神圣而严格的仪式。在捡骨过程中，人骨按照从头到脚的顺序被依次取出，清洁之后再按照从脚到头的顺序依次放入准备好的金罐

堆积的尸骨

之中，埋入精心选择的风水宝地。

然而，金莲山的墓葬显然与这种二次葬的风俗不同，这些骨骼的摆放虽然看起来好像有一些特别的次序，但是每个墓葬都不尽相同，毫无规律可循。由此看来，很可能是战争之后收敛埋葬的。

如果确实如此，两千多年前，这里究竟发生了一场怎样的战争呢？由于年代久远，回答这个问题只能依靠推测。很多人认为可能是部族之间的内部矛盾引发的。有专家认为，古滇国只是一些部落和联盟，而不是我们现在指的国家，这里的部落与部落之间有分有和，有矛盾、有斗争。也有的专家不认同这种看法，他们认为整个金莲山上有上万名死者，如果只是部族之间的或者部族内部的矛盾，难以引发如此大规模的战争，他们觉得如此激烈的战争很可能与中原有关。

后者的推测是有迹可循的，一些历史的记载可以与它相互印证。据《后汉书》记载，当年西南地区确实发生过一次规模很大的动乱，以至于惊动了汉朝的中央政府，他们不得不从其他地方调派军队来这里平定动乱。

专家们由此想到，那个发生叛乱的地区会不会就是古滇国呢？面对强大的正规军队，古滇国人最终落败，于是在汉朝军队胜利后的第二天，一场腥风血雨的屠杀就此展开。无论男女老幼，一律惨死在汉朝军士的刀下，一时狼烟四起，哀声遍野，尸骨满地。

然而，文献记载并没有直接指向古滇国，要想证实这个战争死亡的推测，还需要找到关键的证据。最直接的证据，就是那些明显的兵器砍伤的痕迹，只要大量找到这种痕迹，这些人死于战争的假设就毋庸置疑了。这种兵器的痕迹有着明显的特征，吉林大学的专家们曾经在其他地区墓葬中出土的一些儿童尸骨上发现过这种兵器砍削的痕迹。那么，在金莲山骨骼的清理中，类似这样的外伤痕迹会有发现吗？

战争场面情景再现

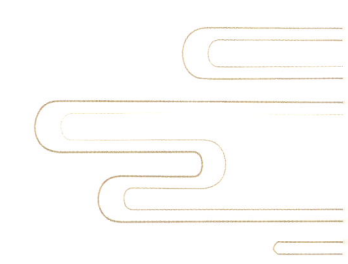

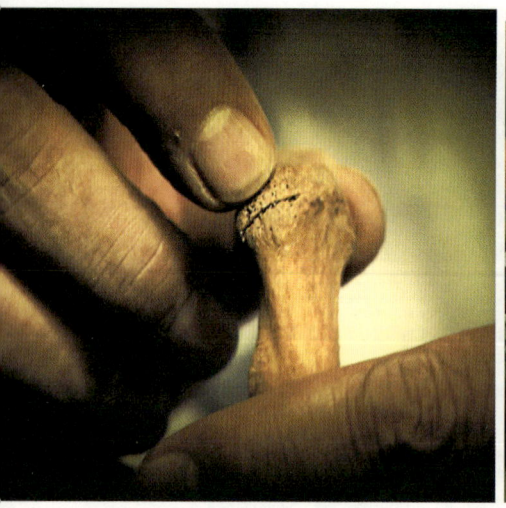

考古专家查验尸骨

专家们在 2006 年曾发现一例颅骨里面有残存的青铜箭镞，而且确实颅骨上有伤口。2008 年，又发现一个头部枕骨有大孔，有砍劈痕迹的个例。

不过，考古现场零星发现的个例，并不能说明问题，他们希望借助吉林大学专家们的进一步研究，解开这个谜团。

吉林大学的专家们提出，应该仔细清理尸骨上附着的泥土和杂质，才可能发现更多类似兵器痕迹的线索。但是，在此后持续了两个多月的清理过程中，他们却没有新的发现。由此看来，金莲山上的死者并非死于战争。

这个结论让大家有些失望，不过随后考古现场又有了新的发现。首先，在金莲山墓葬区南侧，考古人员发现了大量的陶器碎片，他们推断这可能是当初整个墓地用来祭祀的配套设施；其次，在金莲山东北侧的学山上也发现了很多和金莲山墓葬群中几乎一模一样的陶片。

一时间,专家们的注意力暂时转移到了学山。既然学山上发现的陶片和金莲山祭祀区发现的非常相似,那么基本可以断定它们同属于古滇国时期。学山会不会是这些金莲山墓主人当年生活的地方呢?

这个想法又让大家兴奋起来,他们决定按照每平方米两个半探孔的方式,对整座学山进行一次勘探。洛阳铲不断从学山地下带出泥土,这些泥土中的遗留物多为陶器碎片及炭灰。根据这些细微的蛛丝马迹,考古人员陆续发现了多处灰坑。灰坑的存在是一个重要的信号,它可以证明这里有人类活动的痕迹,也证明了学山就是早期人类的居住地。

金莲山和学山位置图

学山出土的生活遗址

古滇国浮出水面

随着勘探工作的进展，越来越多的灰坑遗迹被勘探了出来。由于遗迹勘探不同于墓葬勘探，因此勘探的钻孔密度一般较小，但就算这样，勘探人员最终确定的灰坑已达到了38处之多，一个完整的古滇国的城镇终于展现在了他们面前。

专家初步断定，学山可能是一个聚落，更倾向于是一个城址。

这些灰坑的下面，是大片半地穴式的房子，其中还有火塘的遗址，这里极有可能就是金莲山死者生前生活的场所之一。从学山半地穴房屋里的火塘中，还发现一些动物骨头，可以得知当时人的食物主要是猪肉和鱼。这对复原整个石寨山文化，尤其是抚仙湖盆地青铜时期的生活概貌，有非常大的作用。

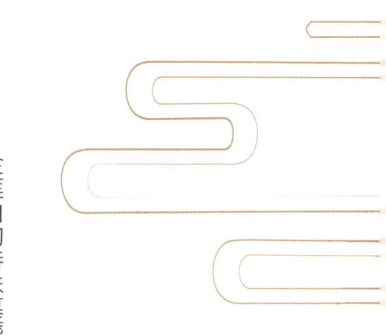

而在金莲山上,一处特殊的墓葬引起了专家们的注意。一名25岁左右的成年男性,和一名20岁左右的成年女性叠放着埋葬在一起,他们脚旁还有一些细小的肋骨,经过鉴定是一名5岁左右的小女孩。他们很可能是一个幸福的小家庭。

到底发生了什么可怕的事件,让这个幸福的三口之家同时离开了人世呢?战争的假设已经被排除,而且在战争的情况下也难以出现这种正常体位的埋葬,有的专家就此提出了这些古滇国人死于瘟疫的假设。

两千多年前的古滇国,是否真的发生过大面积的传染病呢?在吉林大学边疆考古研究中心的标本库房里,陈列了超过一千具各个时期墓葬出土的颅骨,专家们把金莲山墓葬群出土的颅骨与这些标本进行了比较研究。通常,很多疾病都会在骨骼上留下痕迹,但他们发现金莲山的骨骼标本中疾病的痕迹并不普遍。然而,瘟疫的假设并不能就此排除,因为还有一些疾病并不会在骨骼上留下痕迹。

消失的文明：古国

抚仙湖上的渔民

不过，在对这些骨骼标本细致的研究中，体质人类学家们慢慢还原出一幅生动的古滇国人的生活画卷。日常的劳作在他们的骨骼上留下了印记，从男性骨骼形态上，能看出他们大多数时间都在从事劳动，最常从事的劳动是划船捕鱼。从肩颈部的骨骼形态可以看出，他们像是经常划船或是长时间蹲坐，可能一整天都在捕鱼，直到获得足够的食物才起身回家。古滇国的女性身上，很少有这种和男性一样的骨骼印记，专家们推测她们以家务劳动为主，制作陶器可能是她们很重要的一项工作——墓葬中出土的那些陶器，全部出自她们勤劳的双手。

古滇国消失之谜

新的发现随后出现了:在一例颅骨的顶部,研究人员发现了一个外伤形成的伤口。这个伤口会不会和他们的死亡有直接的关系呢?研究人员们马上着手从其他的骨骼上寻找类似的线索。果然,在另一些骨骼上,他们同样也发现了一些奇怪的创伤:一些骨骼上有明显的断裂或者扭转的痕迹,而这显然来自外力的作用;同时还有一些死者的某段骨骼长度比正常长度要略短一些,比如一个人左侧大腿比右侧大腿要短几毫米。一般的疾病很难形成这样的痕迹,这是什么原因导致的呢?最终,研究人员想到了另外一种可能,那就是突发事件。

专家猜想,很可能是地震让很多人死于骨折。所以它不是一个正常形态的骨折,而是撞击形成的,因此一些部位被砸断了,形成这种伤口。

这个消息让云南的考古专家们非常兴奋。虽然没有相关的记载,但结合云南当地的地质条件,大家觉得最有可

对骨骼之谜的探寻

能的情况就是发生了一次大规模的地质灾害。西南地区山脉众多,雨量充沛,泥石流就是一种常见的地质灾害。如果当年发生了大规模的泥石流,这些居住在山间的部族,确实很难幸免于难。

另一方面,澄江地区一直是地质活动频繁的区域,在金莲山背后1千米处,是世界著名的古生物学圣地——帽天山。这里发现的化石,向人类揭示了寒武纪早期的世界,被誉为20世纪惊人的科学发现之一。

帽天山化石博物馆

在远古的寒武纪时期，澄江地区曾经是一片浅海，之后突然的火山喷发形成了现在丰富壮观的化石宝库。既然澄江地区自远古以来地质活动就如此活跃，那么在古滇国时期会不会也发生了一次较大的地震，从而造成了金莲山上这些死者的集体死亡呢？

然而，深入研究后发现，类似的创伤痕迹仅仅出现在一些个例上，依然难以说明整个墓葬群死者们的死因之谜。要解释大面积的非正常死亡，无外乎三种可能：战争、瘟疫和地质灾害。然而，每一种假设都缺乏关键的证据。

恰在此时，考古人员又发现了一个反常的现象：这片古滇国的墓葬群中，竟然有不少婴幼儿死者。这些婴幼儿的骨骼上，没有明显的刀剑创伤，表明他们并非死于战争；也没有其他明显的外伤，说明他们的死亡和地质灾害也没有关联。他们之中，有些不但有墓坑，还带有一些随葬品，如青铜手镯、项链甚至陶器。这种讲究的埋葬方式也同样排除了战争和灾害的假设。那么，最有可能的情况就是疾病。

经过分析，专家们认为这些婴幼儿的死因很可能是一种快速传播的传染疾病，比如疟疾、天花、黑死病等。这些疾病发病快、易传播，而且很难在骨骼上留下痕迹。金莲山死者的死因之谜再次回到了疫病的假设之上。

消失的文明:古国

儿童尸骨与陪葬品

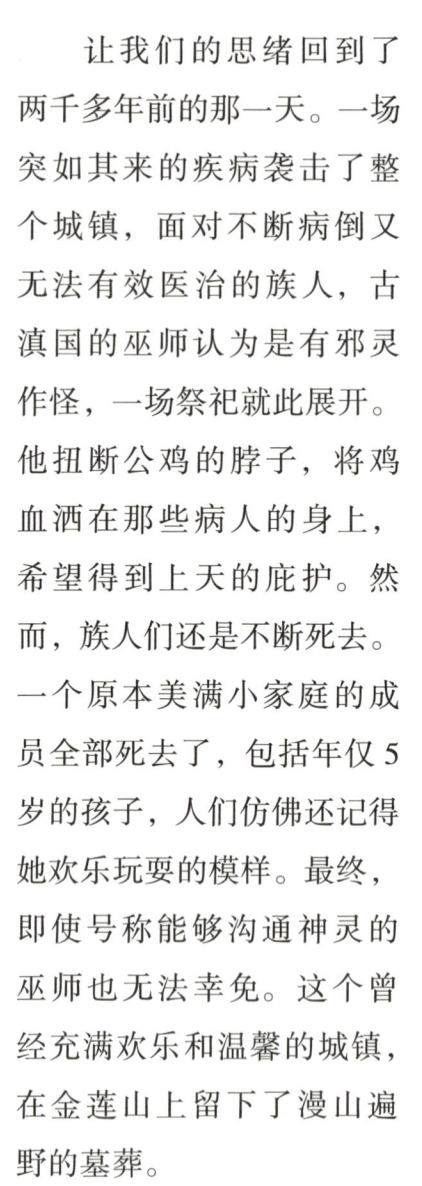

让我们的思绪回到了两千多年前的那一天。一场突如其来的疾病袭击了整个城镇，面对不断病倒又无法有效医治的族人，古滇国的巫师认为是有邪灵作怪，一场祭祀就此展开。他扭断公鸡的脖子，将鸡血洒在那些病人的身上，希望得到上天的庇护。然而，族人们还是不断死去。一个原本美满小家庭的成员全部死去了，包括年仅5岁的孩子，人们仿佛还记得她欢乐玩耍的模样。最终，即使号称能够沟通神灵的巫师也无法幸免。这个曾经充满欢乐和温馨的城镇，在金莲山上留下了漫山遍野的墓葬。

虽然专家们基本可以断定金莲山上埋葬的死者死于瘟疫，但要用此来解释

青铜之谜——古滇国

整个古滇国的消失依然有些牵强。一次瘟疫可以让很多人死亡，但却难以让一个地方政权就此灭亡。古滇国的消失一定另有原因，专家们的目光开始聚焦于其他线索之上。

果不其然，在不少墓葬中，他们都发现了一种由铜和铁共同铸造的器物。铁的出现让人不禁眼前一亮，因为较铜而言，铁是更先进生产力的代表，它很可能是与中原文化交流的产物。同时，金莲山墓葬群中还出土了很多明显带有中原文化特征的生活用品，反映出古滇国与中原地区的联系已经逐渐频繁。

大量的铁器和汉式器物的发现，昭示着这个地处偏远的古滇国已逐渐融入汉代统一的历史大潮中。

金莲山墓葬群的考古发掘工作已经全部结束，仅在展开

仿制的古滇国战船

出土的铜铁合成器

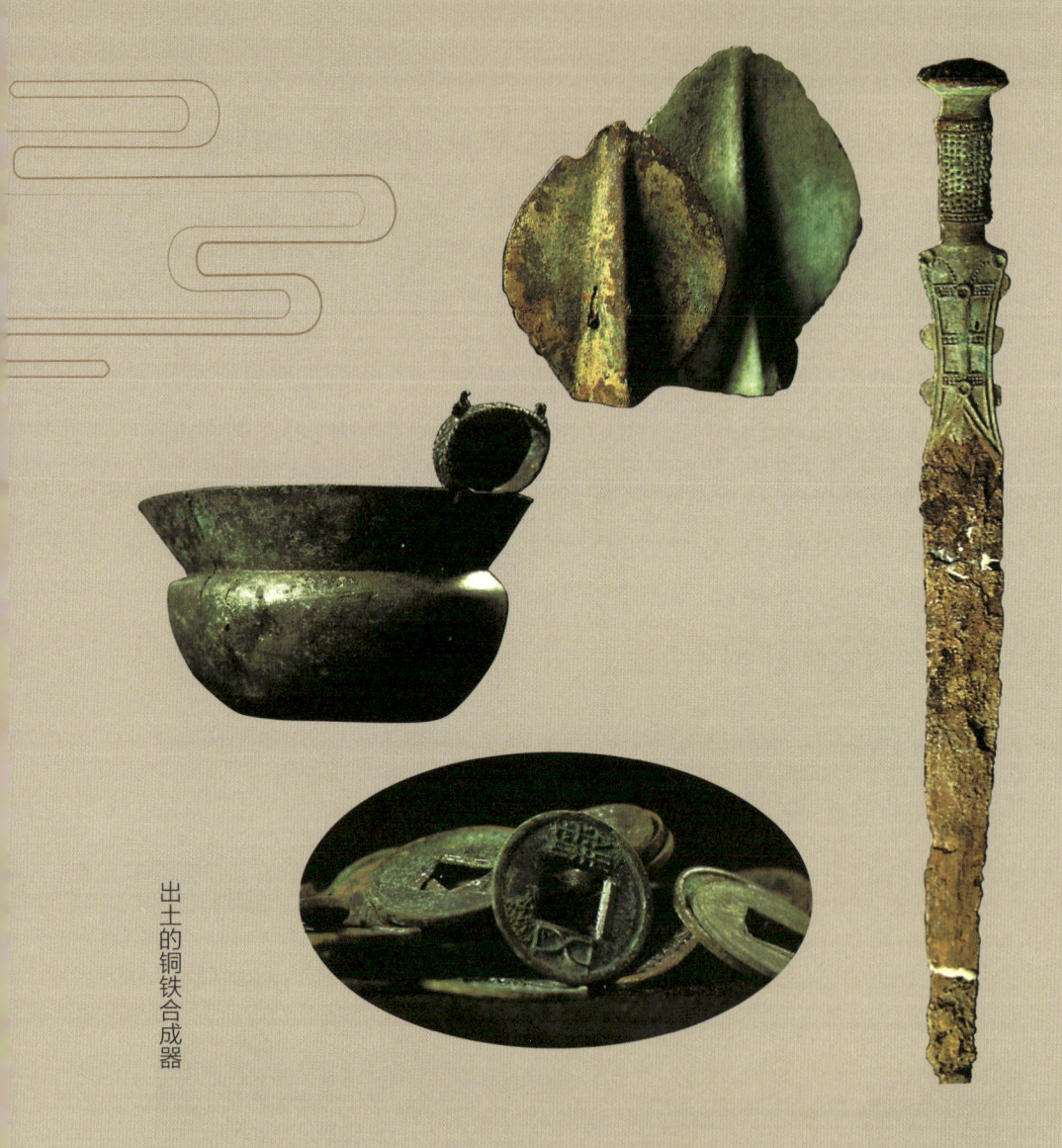

发掘的山顶部位，就累计发现了412座墓葬，各种随葬器物1300余件套，出土的死者骨骸更是数以千计。现在，金莲山成为重点文物保护区，向人们展示着古滇国平民社会形态的缩影。

抚仙湖畔三座大墓的相继发掘，为我们初步呈现了古滇国的不同阶层：石寨山是王室墓地、李家山是贵族墓地、金莲山则是平民墓地。

两千多年前，在这片三角形的区域之中，曾经有过高度发达的青铜文明，也有过男耕女织、渔歌唱晚的幸福生活。一场突如其来的瘟疫毁灭了金莲山附近的集镇，而整个古滇国也在随后的发展中逐步接受中原文明，最终汇入了中华民族的滚滚长河。

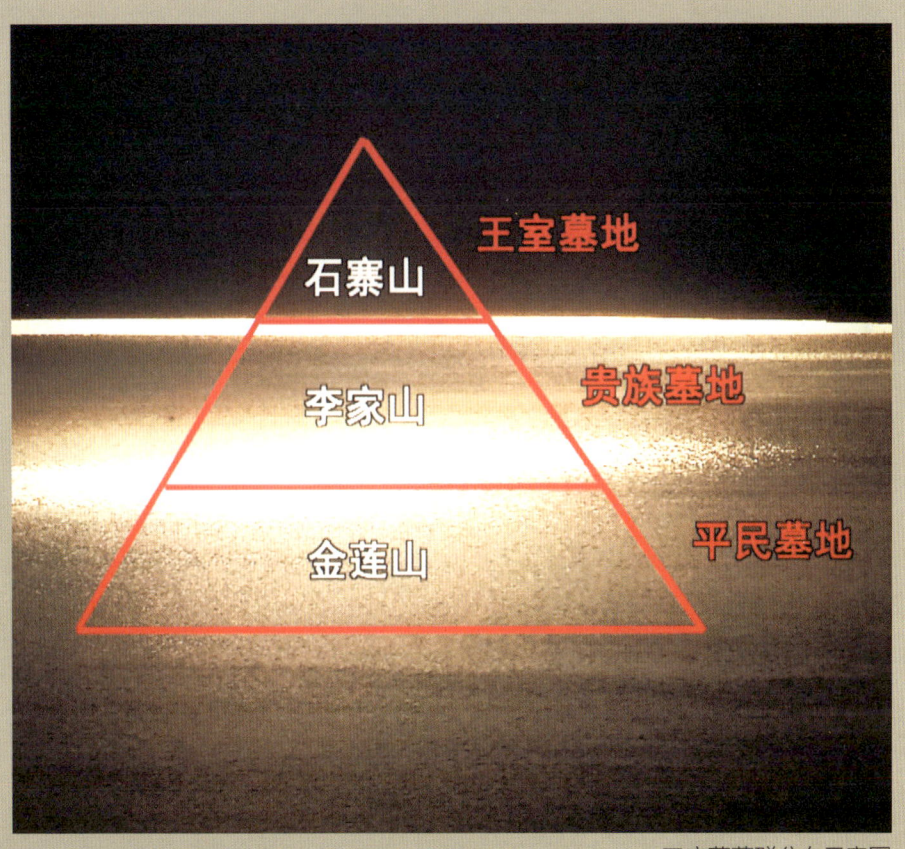

三座墓葬群分布示意图

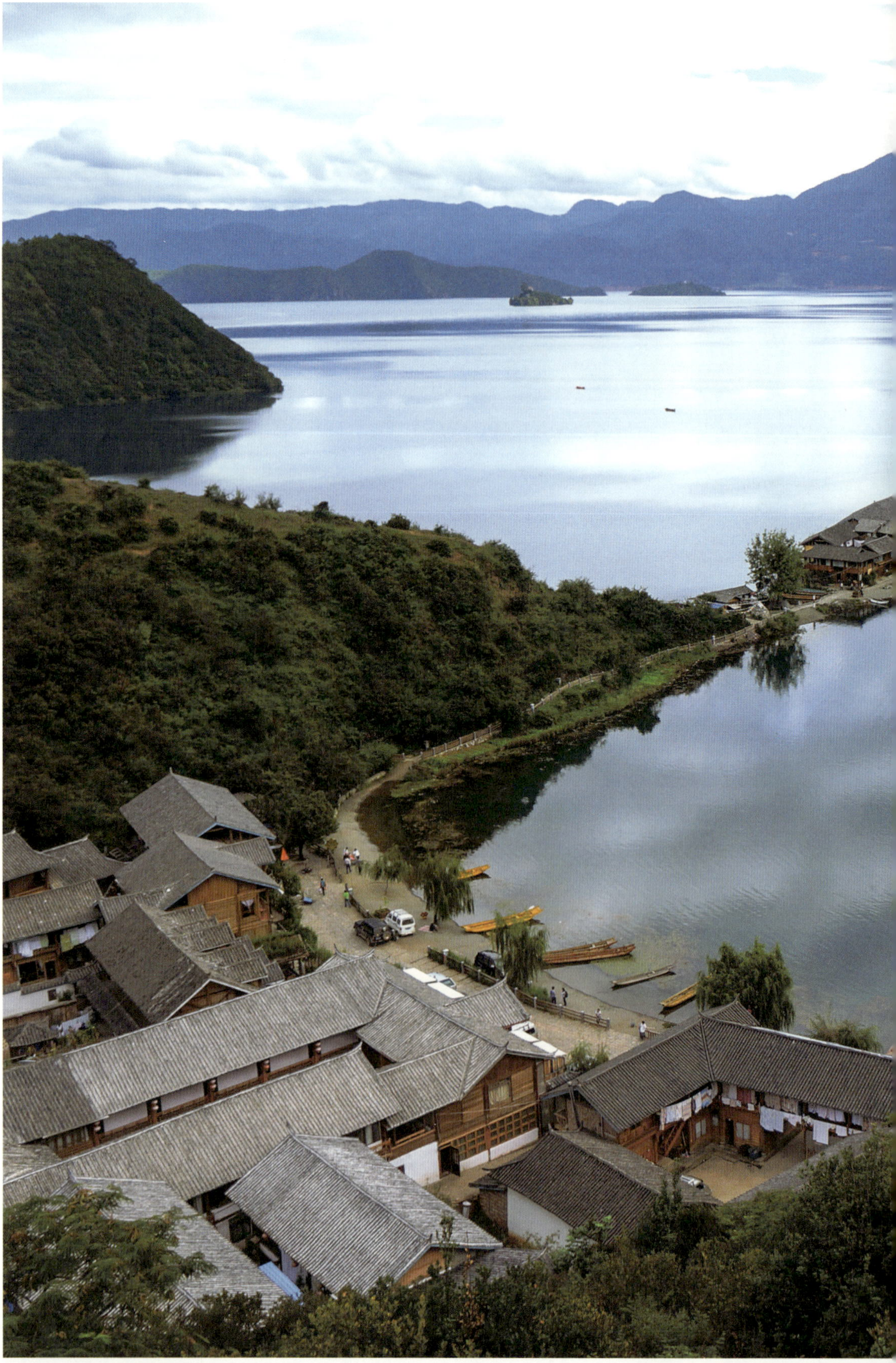

神秘的国度
——女儿国

《山海经》是我国最古老的地理书籍，描绘了众多离奇而诡异的地方。其中，《海外南经》提到的"女子国"，为人们勾勒出一幅离奇的景象：此国四周流水环绕，但只有两名女子居住，这可能是关于女儿国的最早记载。然而，《山海经》本身极富神话传说的色彩，因此它描绘的"女子国"应该只是一个虚幻缥缈的世界。那么女儿国仅仅存在于神话之中吗？历史上是否存在过这样一个真实的国度呢？众多专家与学者的关注，为我们拉开了探索这个未知世界的序幕。

泸沽湖

消失的文明：古国

西安大明宫遗址丹凤门

女儿国的神秘面纱

793年，唐大明宫的麟德殿内，唐德宗李适正在准备接待一批来自偏远藩国的使节。此时的唐王朝已经走过了整整175年的荣光岁月，等到李适继位之时，原本强大的帝国根基已经渐渐动摇，依旧繁荣昌盛的外表下，一个没落皇权的败象已经显露出来。

作为这个王朝的第十代皇帝，李适时刻在为此而苦恼。但是今天他的心情却与以往大不相同，因为即将前来朝拜的藩国里，有一个由女人执掌大权的女儿国，它引起了唐德宗极大的好奇，这究竟是一个怎样的国度呢？

在一千二百多年后的今天，那个神秘的女儿国同样吸引着后世的人们，在漫漫的历史长河中开始了对于它的寻找和考证。

神秘的国度——女儿国

通过查阅大量史料，人们在《隋书》《旧唐书》《新唐书》《唐会要》等历史古籍中，发现了一个相同的国家——东女国。它究竟是一个怎样的国度？与女儿国是否存在某种联系呢？

"俗以女为王"是所有史料中对于这个东女国的共同描述，这意味着这个国家由女性统治，女性在这里享有至高无上的权力。

这不由使人们联想起中国历史上最著名的一个女人。公元690年，中国历代王朝中出现了仅有的一位女皇帝——武则天。凭借着绝色的容貌和非凡的智慧，这位女皇帝掌管着当时世界上最强大的帝国。但是，武则天仅仅是一位女皇帝，整个唐王朝的管理阶层依然由男性承担，因此即使她统治的15年，仍然属于男权统治的时代。那么这个以女为王的东女国，会是怎

李治、武则天雕像

样的景象呢？可以猜想，东女国最基本的特点就是女人掌权，这个国家的官员、管理、权力都由女人担任和掌控，这是母系社会遗留下来的习俗。

由此，人们可以断定，这个记载中的东女国就是女儿国，曾经那个虚无缥缈的国度开始渐渐清晰起来。

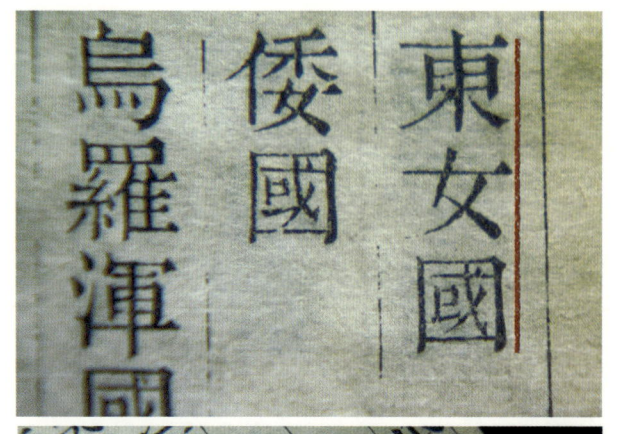

古籍中的东女国

据《旧唐书》记载，东女国的国王在唐代曾多次和中原王朝联系，这本书还对东女国的地理位置、风俗习惯、建筑特征、与唐交往等方面进行了记载。《旧唐书》记录了唐朝从开国到灭亡整整289年的历程，下令编撰者是后晋高祖石敬瑭，这也是他为数不多的功绩之一。

941年，石敬瑭下旨编撰200卷的《旧唐书》，历时4年终成正果。这是一部官修正史，并且修订的时间距离唐朝灭亡只有短短34年，所以能够取得最真实的历史资料，文献价值极高。那么人们就有理由推断，它所记载的女儿国在历史上确实存在过，而且和唐朝有着极为密切的联系。

四川甘孜丹巴县城

　　那么，唐朝时期的女儿国究竟在哪里呢？根据《旧唐书》中的记载，人们做了如下的推测：当时的女儿国位于青藏高原东侧，其势力范围涵盖了今天四川省的茂县、雅安市、雅江县和壤塘县。

　　有学者认为，东女国的位置应该在今天大渡河上游一带，和现在嘉绒藏族分布的区域有很大的重合。

　　墨尔多山是藏区四大神山之一，它的主峰位于大渡河的上游。在它周边生活的藏族被称作嘉绒藏族，主要分布于四川省甘孜、阿坝两个自治州，与人们对东女国地理位置的推测有很大的重合。那么墨尔多山的中心地带，是否能够寻找到当年女儿国的踪迹呢？

丹巴藏寨

有学者认为史籍对东女国描述的地形也很像丹巴的地形，东女国的核心应该是在金川、丹巴一带。

四川省丹巴县，从地图上搜索是一个面积仅5649平方千米的地方，但它却与那个神秘的女儿国有着紧密的关联。虽然女儿国已经消失了千年，人们却仍然试图在这个范围内寻找它的后裔和曾经遗留的痕迹，来感受历史上这个充满离奇色彩的女儿国。

丹巴美人谷

美人谷溯源

关于丹巴县最早的记载始于秦汉时期，当时这里是西羌部落的领地，而在《旧唐书》中也有一段类似的文字："东女国，西羌之别种"。这似乎可以说明，现在的丹巴县与当时的女儿国有着地域和血脉的联系，也许今天生活在这里的女性身体中仍然存在着那个古国的基因。

丹巴县有一个别称叫"美人谷"，生活在这里的人们多数认为自己是女儿国人的后裔。

消失的文明：古国

巴丹县少数民族女孩雕像

巴丹县少数民族女孩

在他们心目中，能够在当时统领国家的女性们，美丽是第一位的。这里每年都会进行一次民间的选美比赛，评比出全县最美的女性，称为"金花""银花"，这种风俗已经延续了很多年。

1987年，考古人员在丹巴县一带发现了西南少数民族的一种特殊墓葬方式"石棺葬"，同时出土了大量的人体骨骼。在对这些骨骼进行分析后，人们有了一个惊人的发现：几千年前，这里男子的平均身高是180厘米，女子的平均身高是170厘米，这是一个近乎完美的民族。

在横断山脉偏僻的峡谷中，究竟蕴含着什么样的魔力，使这里的女性从古至今都有着与众不同的气质呢？从地理位置上看，大金川与小金川在这里汇合后成为大渡河，因此丹巴县被称作大渡河第一城。古代的众多民族一直以来都沿河迁徙、定居，使丹巴县成为多民族聚集的中心。可能正是自古以来多民族的结合，让这里的人们拥有了优秀的基因，这里也被赋予"美人谷"的称号。

也许是丹巴女性拥有的优秀基因造就了她们的美丽，但仅仅因为这个因素，就能够说明这里曾经是女儿国所在地吗？

丹巴"石棺葬"

大渡河

丹巴风情

《旧唐书》的记载　　　　　　　　　　　大渡河

古老习俗的背后

根据史料的描述，人们从女儿国的势力范围上来推测，丹巴县有可能是它的中心所在。《旧唐书》中短短的记载，却为这种猜想增添了更多的迷雾。根据史书的描述，东女国国王所居住的地方叫康延川，它的中间有条弱水河穿过，并向南流淌。

那么"康延川"究竟是哪里？弱水河又是一条怎样的河流呢？

关于康延川，学术界有几种意见：有的认为是昌都澜沧江，也有人认为是在临近大渡河的川西高原。大渡河在唐代也称为弱水，它向南部奔流而下，从地理位置来看确实符合《旧唐书》中的描述。但是从丹巴县有文字记载以来，从未出现过"康延川"的名称，那么女儿国的国王居所自然就和这里没有任何关系。而专家却把丹巴县推测为女儿国的中心地带，这到底是什么原因呢？

在这里，青年人依靠一种流传已久的方式寻找伴侣，这种方式被当地人称为女儿国的传统习俗。每当到了农闲时节，女孩们会聚在一起，围坐在锅庄前一边分享心事，一边等待一个时刻的到来。与此同时，男孩们也纷纷聚集在一起，带着喜悦和急切的心情，前往女孩们聚会的地点，开始一段令人心动的约会。

整个寻找意中人的过程，以一种非常特别的方式开始。男孩们坐在走廊里，并用衣服将头部蒙起来不让对方看到自己的模样，此时他们只能依靠歌声来吸引异性的注意。女孩们在欣赏情歌的同时，也在根据声音确定自己喜欢的对象。唱完情歌之后，男孩们在热情的召唤下，来到屋里并露出自己的面容，并与女孩们围绕着锅庄展示自己的舞姿和活力。

锅庄舞告一段落后，只有得到女

寻找意中人的仪式

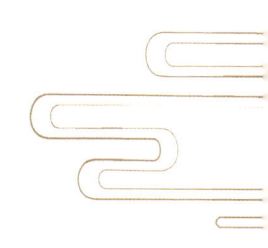

跳锅庄舞的男女青年

方暗示的男孩才能发出约会的邀请。这种以女性为主的求爱方式，据说已在当地流传了上千年，而且曾经是女儿国的婚姻习俗。但在今天的史书中，人们对于这段内容却无从查找，因此它可能是后人一种美好的追忆。

神秘碉楼与女儿国

真正将丹巴县和女儿国联系在一起的，是这些散落在山谷间的奇特建筑——碉楼。据统计在这狭长的山谷里，残存着343座古碉楼，因此这里也被称作"千碉之国"。碉楼的主人多为生活在这里的藏族居民，至今还能拥有碉楼的家庭已经为数不多，而碉楼更多承载的是一份家族历史的记忆。

丹巴碉楼

《旧唐书》中的碉楼分布

《旧唐书》中记载的"重屋"

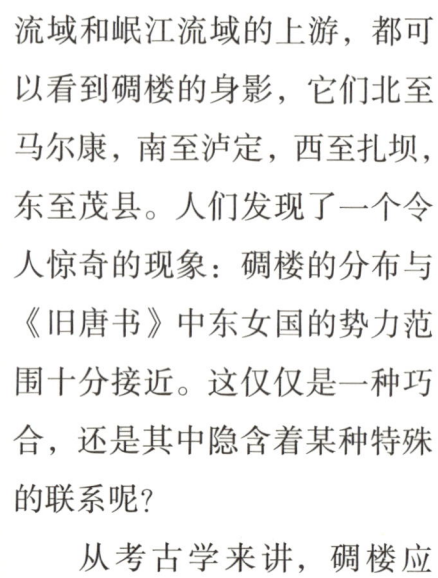

除丹巴县之外，在大渡河流域和岷江流域的上游，都可以看到碉楼的身影，它们北至马尔康，南至泸定，西至扎坝，东至茂县。人们发现了一个令人惊奇的现象：碉楼的分布与《旧唐书》中东女国的势力范围十分接近。这仅仅是一种巧合，还是其中隐含着某种特殊的联系呢？

从考古学来讲，碉楼应该是一个与东女国有密切关联的建筑特征。《旧唐书》中关于东女国建筑的描述，似乎为人们的这种猜想提供了一丝线索："其所居皆起重屋，王至九层，国人至六层"。这"重屋"二字，是否就是今天的碉楼呢？据记载，那时候家家户户都有碉楼。那么，这些碉楼的建造者会是女儿国的臣民吗？是否存在着可靠的依据，来证明碉楼就是女儿国的"重屋"呢？于是人们开始对现存的碉

神秘的国度——女儿国

丹巴碉楼

碉楼里的壁画

楼进行时间上的测定，来验证它们是否建造于女儿国的时期。

考古人员在位于中路乡一座已经荒废的碉楼内部发现了大量精美的壁画。绘画者通过细腻的手法，似乎讲述着一段遥远的故事，但是经过考古测定，这些壁画创作于明朝。

经过测定，丹巴县的碉楼多建于明清时期，也就是说，这里的碉楼比隋唐时期的女儿国晚了几百年，难道它们不是女儿国的重屋吗？

《后汉书》中的一段记载，似乎破解了这个困扰人们的难题。从《后汉书》的记载来看，岷江上游冉駹部落以累石为室，高10余丈（1丈约为3.33米），曰邛笼，这是有关碉楼的最早记载。根据《后汉书》的记载可以判断，至少从东汉时期开始，这里就存在

神秘的国度——女儿国

着碉楼的建筑形式，也许女儿国继承了这一古老的传统，只是随着朝代的更迭那时的碉楼已经不复存在了。

众多史书为人们勾勒出女儿国的轮廓，在这个疆域里，上至国王下至高官都由女性担任，她们主宰着国家的发展与兴衰，而男性仅仅充当兵役和劳力的角色。关于它的记载几乎都出现于隋唐时期的古籍中，因此人们推断女儿国也正是在这个时期处于兴旺发达的阶段。

而那时的中国早已经是男权统治的时代，这样一个国度势必会引起男性王朝的征服欲。女儿国在当时又处于蛮夷之地，部族之间的冲突与吞并时刻威胁着这些女性，她们究竟依靠什么，才有可能在弱肉强食的环境中，保护住这个王国呢？

人们发现，在每一座碉楼的四面，都开设了大小不等的窗口。通过窗口向外望去，四周的情形一览无余，因此几乎每一座碉楼都拥有一个相同的功能——防御。

不同角的碉楼

063

可以想象，在遥远的冷兵器时代，这里一旦遇到侵犯，人们便会进入碉楼，通过上面层层的射击孔，用弓箭与石块构成一道道密集的火力网，将来犯的敌人阻杀在狭窄的山路之上，形成一个固若金汤的防御体系。也许女儿国就是依靠着天然的地理位置和依山势而建的碉楼，才保住了这一方水土。

这种猜想并非没有依据，乾隆时期的平定金川之战就印证了这种猜测。1747—1776 年，长达 29 年的时间里，乾隆皇帝两次动用自己最精锐的部队出征，平定大小金川的土司叛乱。然而令乾隆皇帝没有想到的是，这两次战役居然使清军付出了极为惨重的代价。

清军的第一次征战历时两年，出兵 7.5 万人，本以为能够轻松取胜，不想却遭受了沉重的打击，总兵和参将均阵亡于这里。第二次战役，乾隆派遣 20 多万精锐之师，用了 6 年时间，以 2.5 万官兵的生命为代价，使用了当时最先进的火炮才最终

神秘的国度——女儿国

丹巴乡俗风貌

取得了胜利。那么究竟是什么让清军在金川惨遭重创呢？就是这些易守难攻的碉楼。

在清朝的《皇朝武功纪盛》中曾对它们有过这样的记载："一碉不过数十人，万夫皆阻"。在冷兵器时代，碉楼的确是征服者难以逾越的屏障。

目前丹巴县保存完好的碉楼中，最高的近60米。相传在鼎盛时期，这里几乎每一家都拥有一座碉楼，如此庞大的工程，以一个家庭的力量如何才能完成呢？

在丹巴县的乡村，始终保持着一个古老的传统：如果有人要修建新房，那么全村的每一户家庭都会派人赶来义务帮工。一天的劳动结束之后，主人会拿出用青稞、玉米、小麦等5种杂粮酿制而成的咂酒，并准备好简单的晚餐招待前来帮工的邻居。也许正是依靠这种传统，每一座碉楼的修建都集聚了全村的力量，也实现了碉楼林立的奇观。

八角碉楼

神秘的国度——女儿国

碉楼所呈现给人们的不仅仅是防御的一面，它更代表着一种建筑技艺。在这里除了常见的四角碉楼之外，人们还能够欣赏到五角碉楼、八角碉楼，以及颇具传奇色彩的十三角碉楼。碉楼的角数越多，建筑工艺越高，同时也能展现出主人的财富与权力。比较重要的土司官寨的碉楼都是八角的，而一般老百姓和房屋相连的碉楼大部分是四角的。

居住在这里的嘉绒藏族没有自己的文字，所以关于他们的历史大多存在于民间传说之中。位于丹巴县梭坡乡蒲各顶村的一处碉楼遗址就有着极富传奇色彩的故事，而女性则在其中起到了关键的作用。相传明朝时，这里有位土司岭岭甲布。由于连年的风调雨顺，再加上土司的统治有方，他的势力范围在不断扩张，家族也变得前所未有的富足。为了炫耀权力与财富，让后人永远记住他的名字，岭岭甲布决定建一座从未有过的十三角碉

五角碉楼

十三角碉楼

楼，因为十三在族人的信仰中是最为吉祥的数字。

于是，岭岭甲布土司派出自己的手下，不惜重金在各地寻找建造碉楼的高手。但是他的手下寻遍了远近闻名的能工巧匠，却没有一个人能够建造出十三角碉楼。

万番无奈之下，土司只能虔诚地求助于神灵，希望上天能够帮助他完成这个心愿。

也许是他执着的信念感动了神灵，建造十三角碉楼出现了转机。但令土司意料不到的是，一位生活在村庄里的青年女子竟然成了这件事情的关键人物。这个女孩的名字叫拥中拉姆，寓意为吉祥的仙女。她在村里以心灵手巧、聪慧过人著称。

丹巴县美人谷嘉绒藏族民居中的藏式窗户

神秘的国度——女儿国

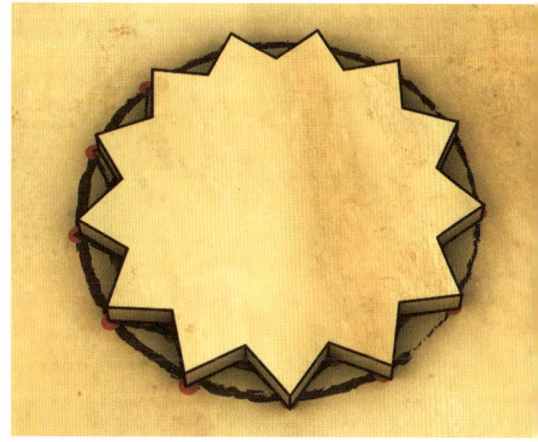

用羊毛线勾勒出的十三角碉楼造型

这么一个从未建造过碉楼的普通女子，如何能设计出从未有过的十三角碉楼呢？一切的玄机都在于她手中的一根羊毛纺线。据传说，拥中拉姆是这样完成她的杰作的：首先利用羊毛线画出两个大小不等的同心圆；然后以圆心为中心，用木棍将两个圆形十三等分；再利用木棍将等分处的交叉点做出标记；最后把所有标记点上的木棍用羊毛线连接在一起，勾勒出它的阳角和阴角，于是一个十三角碉楼的完整形状就清晰地呈现出来。工匠们根据这个形状，用了几个月的时间便完成了一个从未有过的奇迹——十三角碉楼。

曾经困扰了所有能工巧匠的难题，居然被一个平凡的丹巴女子破解，也许正是女儿国的血脉所起到的神奇作用。尽管这只是一个民间传说，但人们依然可以感受到女儿国后裔的传奇风采。

那么究竟是谁发明了碉楼？为什么只在岷江及大渡河上游流域才有这种特殊的建筑呢？在丹巴县中路乡的两次考古发现，为人们寻找碉楼的建造者提供了线索。1987年，考古工作者在这里发现了一种独特的墓葬方式"石棺葬"，它利用石板将四周围成一个相对封闭的空间，把故去的人安放在里面，最后再用泥土进行掩埋。

四川省石棺葬比较集中地出现在岷江上游、青衣江流域以及甘孜州的部分地区，这种分布与碉楼的分布呈现出高度一致，这是否意味着什么呢？

通过对石棺葬的研究，人们得出了这样的结论：从新石器时代晚期开始，这里的人们就已经掌握了石砌建筑的技巧，这与碉楼的建筑工艺非常相近。那么这个时期的人们会是碉楼的发明者吗？

1988年，中路乡一次震动考古界的发现回答了这个

石棺葬

神秘的国度——女儿国

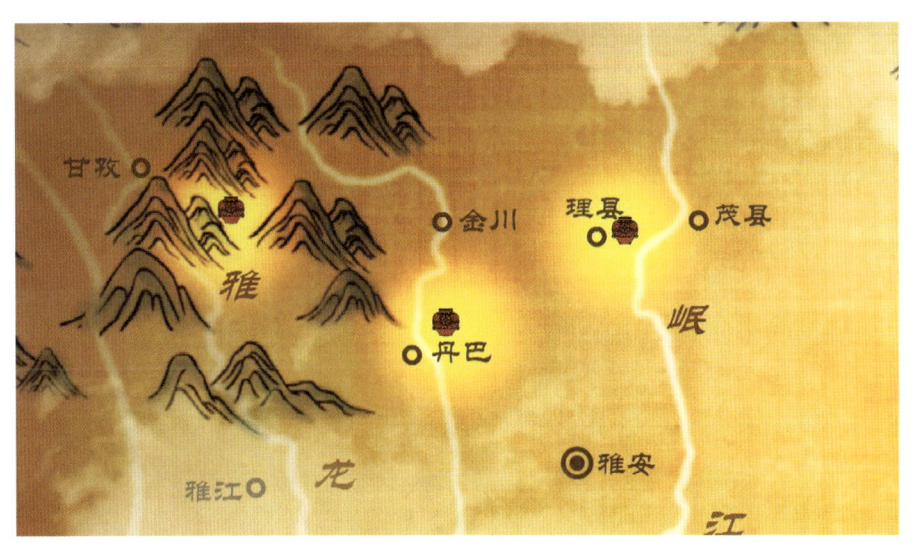

石棺葬分布图

问题。当一个史前人类居住的遗址从尘封的泥土里被发掘出来时，它向人们呈现出了一种从未出现过的石砌建筑形式，这种形式，将它和石棺葬、碉楼联系在了一起。

这个遗址开间很小，和现在碉楼的每一个开间的面积相差无几。根据地层来看，它所处的年代在5000年以前。所以有学者推测，它就是碉楼的前身。

人们根据石棺葬和中路遗址的线索，可以做出一种推测：在5000年之前，这里便生活着一群古老的先民，他们经过长期的生活磨砺，逐渐学会如何利用这漫山遍野的岩石，来建造自己的家园和安葬死者。随着时间的推移，这种石砌建筑技术也愈发成熟，经过不断的演变和发展形成了以碉楼为特色的建筑格局，千百年来守护着这一方水土的安宁。也许正是在这种庇护下，女儿国才能在男权的世界里生存。

矗立在山谷中的碉楼，是这里人们繁衍生息的见证者，它目睹了几千年的历史变迁，而那个充满传奇色彩的女儿国，在这条漫漫长河中仅仅是瞬间而过的一个片段。

3000米绝壁上的古老废墟会是女儿国的遗迹吗？它的最高统领女王如何才能够让骁勇的男子臣服于自己？女儿国曾经的家庭和生活又是一番怎样的景象呢？

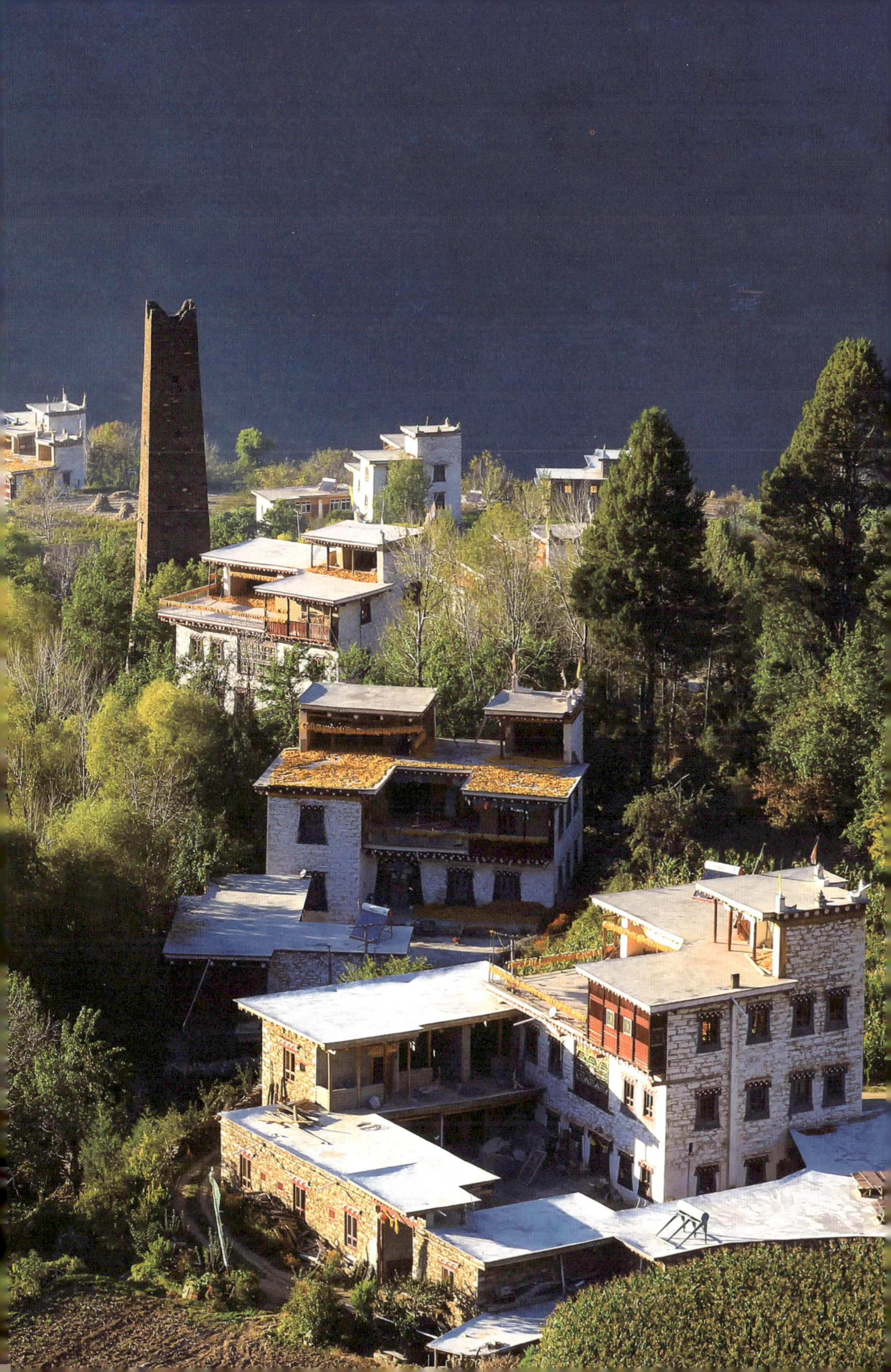

碉楼废墟

  《旧唐书》中对于东女国有过这样的描述："有大小八十余城……户四万余众，胜兵万余人。"如果丹巴一带曾经是东女国的中心位置，那么为什么这里现存的村落规模，让人很难感受到史书记载的气势呢？

  在当时，所谓国不过就是一个部落联盟，并不是后世的王朝。因此，当时东女国很可能是散落于山谷间的80多个部落联盟，他们推举了德高望重的女性作为最高首领。如果按照这种推断，这位女性首领的部落又在哪里呢？

  梭坡山龙中村的一个古老传说，让人们将视线聚焦到了这里。传说在深山密林之中有一座古老的废墟，女儿国的最高首领——女王就居住在这里。

  前往废墟的道路深深隐藏在密林之中，除了龙中村年长的村民，极少有人能够到达。从村中出发经过4个小时的跋涉，终于见到了这一大片古碉楼废墟，它们在参天大树的遮挡中时隐时现。一道道残垣断壁，一座座破败但依旧威严的古碉楼，再加上盘根错节的树木，恍惚间使人们感受到了世界文化遗产吴哥石窟的气质，充斥着历史的沧桑和厚重。

这片古碉楼废墟规模十分庞大，隐约之中可以看到城墙与城门的痕迹。每一处遗址都有一个嘉绒藏语的名字，翻译成汉语显得离奇而不可思议。根据这些名字来推测，这里有可能属于女儿国的女王所在地，但它们的来由是怎样的呢？

下面这张照片拍摄的是遗址背靠的悬崖，在峭壁上隐约浮现出一张女性的面孔，这个自然形成的图案更让村里人相信，这里就是曾经女王所在的都城。这片古碉楼建在海拔3000米的绝壁之上，俯览四方且易守难攻。

这是一片年代久远而被人遗忘的角落，从未在年代等重要特征上做过考古研究，因此它的身世也成了一个待解的谜团，而那个神秘的女王也一同变得杳无踪迹可寻。

山上隐现出的女性面孔

弓箭舞

母系氏族社会的踪影

　　这是在丹巴县一直流传的古老舞蹈"弓箭舞",讲述的是十三勇士保护神灵的故事,从中人们可以感受到康巴男人一直以来的勇敢与强悍。

　　那么女儿国的统治者是怎样的女性,才能够让这样的男人臣服于自己呢?是依靠绝色的容貌,还是非凡的智慧与能力呢?专家说,这些古代部落都信仰一种原始宗教——苯教。原始苯教尊崇女性,把女神作为最高的神。

　　丹巴县位于横断山脉的川西峡谷,流经此地的大渡河被当地嘉绒藏族称作女王之河。生活在这里的人们,从古至今都崇拜信奉墨尔多神山(意为女神山)。这一切似乎都表明,丹巴县自古就有女性崇拜的传统。

　　1987年,在石棺葬出土的文物中,存在一个显著的特征:

男性的陪葬品主要是兵器，而女性的陪葬品多是首饰和农业生产工具，这种男女分工会让人们联想起一个遥远的时代。

大约在一万年前，母系氏族社会伴随着新石器时代的来临，发展到了一个繁荣阶段。在这个时期，女性是农业、畜牧业、制陶业、纺织业的主要发明者，这些发明给人类提供了比采集和渔猎远为丰富的衣食之源。此外，女性在烹煮食物、管理杂务以及抚育子女等方面还承担着繁重的劳动。而男性在很大程度上依然停留在渔猎的生产领域，没有突出的作为。因此，女性在社会经济生活中处于主导地位，这构成了崇尚女性的社会基础。

石棺葬出土的陪葬品，从一个侧面说明当时这里生活的部落与母系氏族社会的特点有相似的地方。

石棺葬出土文物

关于女儿国的记载，主要出现在隋唐时期的史料中，尤其以唐朝时期的书籍记载最为详细。而此时中国早已进入了男性统治的阶段。据史料记载，从唐高祖开始，女儿国便与唐王朝接触频繁，一直到唐朝中期都没有过间断。那么，当时历代的皇帝为什么能够容忍自己的附属国家存在这种挑战男权的现象呢？

当时在长安（今西安），居住着来自中亚、波斯、阿拉伯、印度等地的商人、使节和求学者，不同疆域的异国文化在这里交相辉映，包容是那个时代最美好的印记。

690年，这种包容精神达到了极致，中国历史上唯一一位

神秘的国度——女儿国

唐朝绘画中的女性

女皇武则天登上了帝位，开始执掌当时世界上最强大的帝国。这位女皇不仅延续着王朝的荣耀，更以惊世骇俗的勇气创造了历史上从未有过的女皇的天下。

从这些反映唐朝人生活的古画中，人们可以看到，不管是宫廷贵妇还是平民女子，她们可以像男人一样骑马、打球、外出游玩，曾经禁锢在身上的枷锁已经不复存在，她们可以穿着流行的透明薄纱以及低胸的裙装，骄傲地袒露着自己美好的身体。这期间，唐朝涌现出了许多女政治家、诗人及艺术家，这是一个女性意识全面张扬的时代。也许，女儿国就是在这种兼容并蓄的环境下才得以生存乃至发展壮大的。

女性作为统治者的原因

史书记录了女儿国保留的母系氏族社会的结构和特征。首先，在女儿国的权力机构中，女王的称呼是"宾就"，而商议国事的官员也由女性担任。其次，在家庭结构中，则保持了母系氏族社会重女轻男的特征。

那么，在今天的丹巴县还能够寻找到母系家族的踪影吗？

巴底乡的卢英，生活在一个典型的嘉绒藏族大家庭，姥爷、妈妈和父亲共同管理家中的一切。每当家庭聚会的时候，从饭桌上的座席排位就可以看出，这是一个以男性为主的家庭。

如果说丹巴县曾经是女儿国的中心，那么它最典型的母系家族特点为什么消失了呢？这是因为这个地区开放后，与中原王朝的交流日益增多，商人、军人、官吏等多方面的渗透，使这里的社会结构、文化、习俗等也渐渐被融合与同化。

神秘的国度——女儿国

丹巴家庭聚会

摩梭族民居

探险家约瑟夫·洛克

泸沽湖的女儿国

  1922年，美国探险家和植物学家约瑟夫·洛克（Joseph Charles Francis Rock）来到了中国云南西北部。随后，他用了27年的时间向世界展示这片古老而神秘的土地。在他的专著中，对一个地方充满了溢美之词："永宁湖是全云南最漂亮的一个湖，无法想象还有比这里更美好的环境，真是一个适合神居住的地方"。

  洛克笔下的永宁湖就是今天位于四川和云南交界的泸沽湖。除了醉人的美景之外，洛克还发现生活在这里的人们，有着一种与其他地区截然相反的家庭关系，令他百思不得其解："在永宁，女子不出嫁，而是留在家里，她如同招上门丈夫一样，招一位男子到家里来……她的兄弟代替小孩父亲的地位。"身为植物学家的洛克可能并不知道，这种婚姻和家庭关系在今天被称作"母系氏族社会"，泸沽湖也因此得到了"现代女儿国"的称呼。

泸沽湖景观

泸沽湖地理位置图

　　洛克的这段描述，揭示了一个与女儿国有着相同生活方式的神秘地方——泸沽湖。从地理位置上判断，泸沽湖与丹巴的距离仅仅几百千米，因此它有可能位于当年女儿国的边缘地区。在将近一千多年后的今天，人们还能在那里寻找到母系氏族的踪迹吗？

　　泸沽湖，这座宁静安详的高山湖泊，不沾一丝尘世间的凡俗。这里似乎一直保持着100多年前美国探险家洛克所描写的那份动人气质。在这里，男的出去走婚，女的待在家里，所以家庭成员多由女性组成。

神秘的国度——女儿国

格姆神山

每年农历七月二十四日，是生活在泸沽湖畔的摩梭人最为忙碌的一天。因为第二天就是一年一度的重大节日"朝山节"，每个家庭都在为这天做准备。朝山节是摩梭人古老的传统节日，每年的这一天，摩梭人都会去朝拜格姆神山，以保佑一年四季的平安。

格姆神山又称"狮子山"，屹立在泸沽湖的西岸，摩梭人把她视为女神的化身，而泸沽湖被当地人奉为"母亲湖"，这种女性崇拜与历史上的女儿国如出一辙。

摩梭妇女

085

摩梭女孩生农卓玛

摩梭女孩生农卓玛也在为这一天做准备,她在精心挑选朝山节上要穿着的服装。像生农卓玛这样花季年龄的女孩,朝山节还有着特殊的含义。

朝山节还有一个浪漫的名字——"情人节",摩梭青年男女可以在这一天,结交自己心仪的伴侣。

也许在即将到来的这一天,生农卓玛理想中的情人会出现在她的视线里,因此今年的朝山节是卓玛期待已久的日子。实际上,这也是家中长辈们牵挂的大事,对于她未来情人的选择成了近几天家里最热门的话题。卓玛的外祖母甲你阿妈是家中最受尊敬的人,虽然已经70多岁,但仍然主持着家中大大小小的事情,是真正的一家之主。

舅舅阿瓦卡索可能是卓玛心中最威严也是最温暖的一个长辈,因为舅舅是家里各种仪式的主持者,也是整个家庭的顶梁柱,他也是卓玛成长中的重要角色。

而妈妈打史拉姆是卓玛最贴心的人，卓玛从小到大一直生活在她的精心呵护之下。妈妈也是家中最操心的人，她按照老祖母的意愿来掌管家中的钱物。

每天的晚餐时间，是卓玛家里最温暖而快乐的时光，她的姐姐、哥哥还有外甥女都会齐聚到老祖母的房间，共同享受这个大家庭的和睦氛围。与往日有所不同，今天的话题依然围绕着卓玛在朝山节上未知的情缘展开。卓玛的家里缺少一个重要的角色——父亲，这也是大多数摩梭家庭的特征之一。

卓玛的父亲扎西多吉，如今在泸沽湖为游客划船并担任导游。尽管父亲对于她的关爱要少于其他长辈，但在卓玛心中仍然对他满怀着感恩之情。父亲不仅给予了她生命，而且也在尽心尽力地抚育自己的后代。

这就是摩梭人的家庭缩影，他们根深蒂固的家庭传统与观念仍然沿袭着母系氏族社会的特点，因此又被称为母系氏族社会的"活化石"。

摩梭家庭

勤劳的摩梭女性

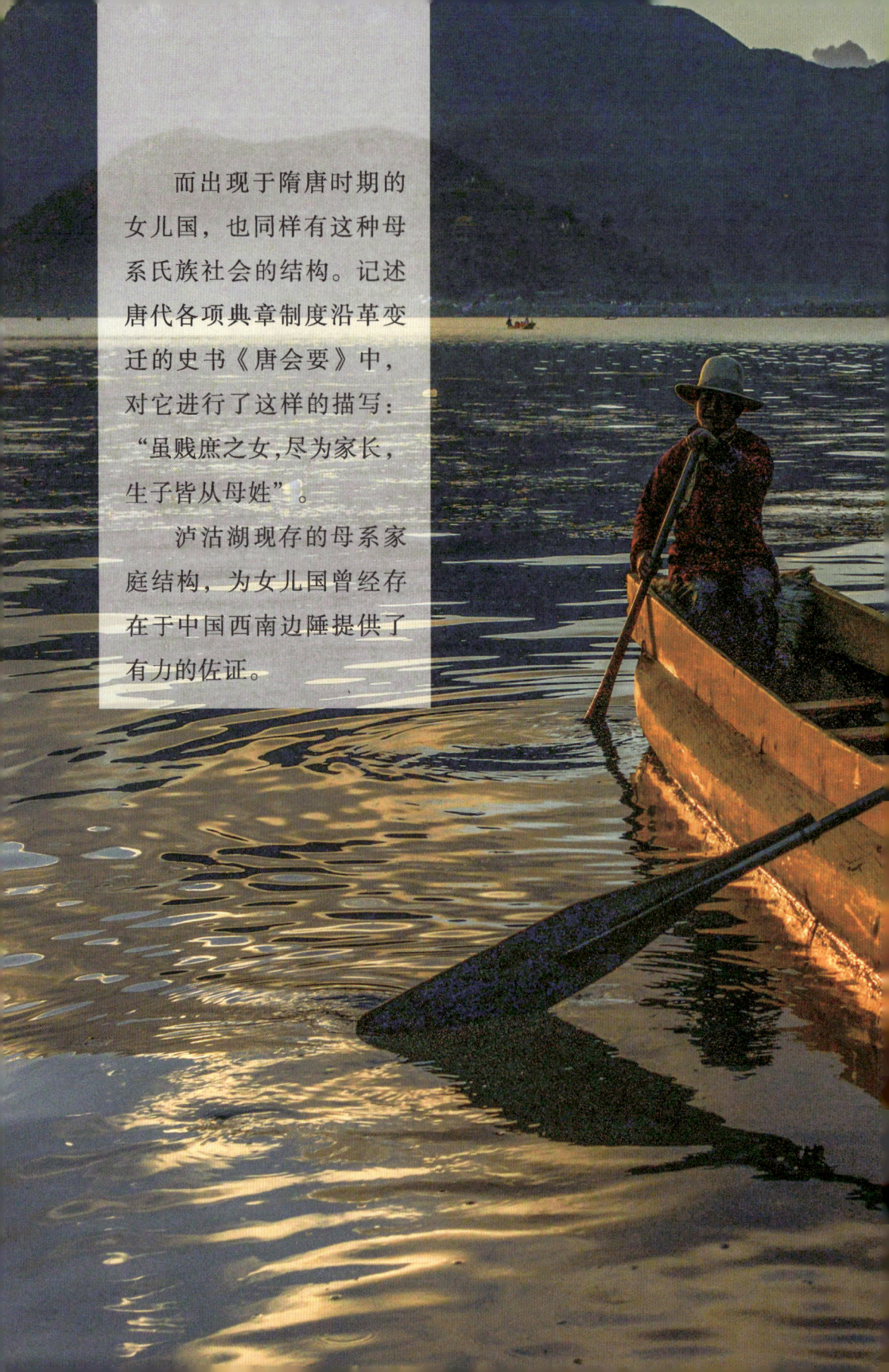

而出现于隋唐时期的女儿国,也同样有这种母系氏族社会的结构。记述唐代各项典章制度沿革变迁的史书《唐会要》中,对它进行了这样的描写:"虽贱庶之女,尽为家长,生子皆从母姓"。

泸沽湖现存的母系家庭结构,为女儿国曾经存在于中国西南边陲提供了有力的佐证。

在泸沽湖划船的摩梭人

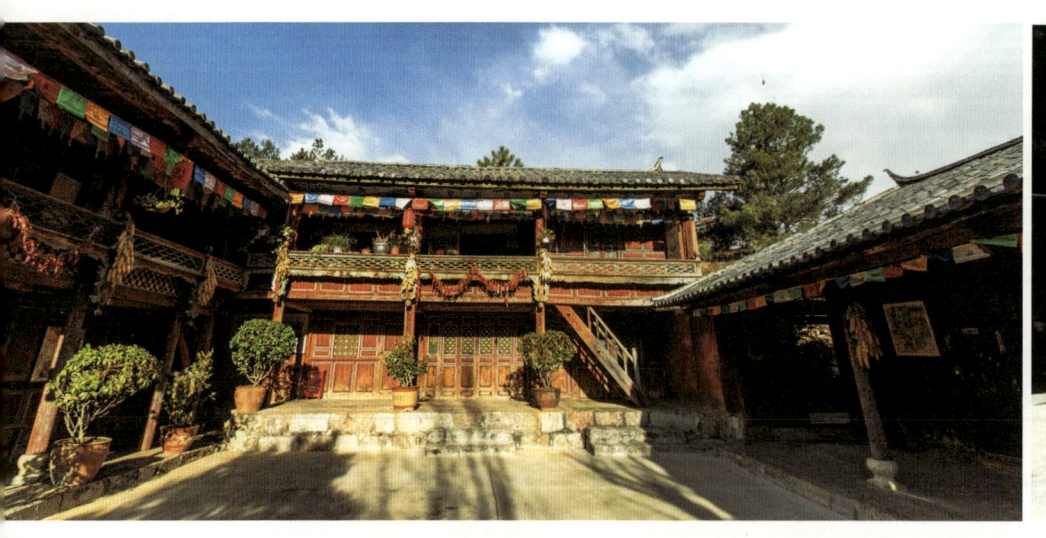

"母性"这个词汇，已经深深植入摩梭人生活的方方面面。生农卓玛的家是一个典型的摩梭式院落，在四合院中的每一个房屋都有着不同的含义。

房屋中最低矮、最朴实的一间，叫作祖母屋。尽管它简陋无奇、不带任何装饰，但却是整个家中最庄严肃穆的地方。不仅一家之长的老祖母在这里生活起居，而且也是家族所有重要仪式举行的场所。

祖母屋旁边是家中最神圣的所在——经堂屋，家人们日常在这里供奉神灵以祈求平安。

装饰最复杂、艳丽的房屋称为花楼，这是成年女性的专属之地。花楼是整个家中最浪漫的地方，卓玛的妈妈、姐姐都居住在这里，经历着人生中最美好的婚姻和恋爱的时光。在整个院落中，唯独没有的就是成年男子的居所。每当夜幕来临，卓玛家中的成年女性就会走进花楼中属于自己的房间，等待着情人的到来。而她的舅舅和哥哥便会离开家，

摩梭民居

前往各自情侣的花楼，这种维系着摩梭人母系家庭的独特婚姻方式被人们称作走婚。

男方到女家来走婚，晚上过夜，白天又回到自己母亲的家里。生育的孩子，不管男女，都属于女方家。

生农卓玛今年21岁，已经到了摩梭女人走婚的年龄，因为性格腼腆，所以在往年的朝山节上都没有找到理想的情人。那么今年的这个节日，卓玛能够了却家人的心事吗？

这可能是她的妈妈打史拉姆几天来最牵挂的一件事。每隔几天妈妈都会将漂亮的闺房打扫一遍，它是为卓玛准备的，妈妈期待着女儿卓玛能够在这里与情人走婚，开启完美而幸福的生活。每到这时妈妈都会回想起自己花一样的青春时光。

30年前，妈妈拉姆正处在和现在的卓玛同样的花季年龄。因为天生开朗的性格再加上阳光一般的容貌，年轻的拉姆成为村里最出众的姑娘，很多小伙子都向她表示过爱慕之情。扎西多吉便是其中之一。这是一个性格内向朴实的小伙子，跟随舅舅在泸沽湖中以打鱼为生。虽然家境并不富裕，但扎西多吉脸

消失的文明: 古国

摩梭民居与美丽的姑娘

摩梭母亲为女儿布置房间

上永远洋溢着阳光般的笑容，因为他相信勤劳会给自己的家庭带来好运。

尼玛同样是拉姆的追求者，他是村里最出色的驯马人。也许是常年和桀骜不驯的烈马为伴，再加上高山特有的阳光，使得尼玛有着棱角分明的脸庞和孔武有力的身材，他是整个村庄最帅气英武的男孩。

在拉姆的追求者中，村里人最看好的则是阿拉打史。他的家庭世代以放牧为主，经过几代人的辛勤积累，已经拥有了成群的牛羊，因此阿拉打史一家在村中是最富足的。正是依靠着这种殷实，他对自己的未来充满着自信。

究竟谁才能最终赢得拉姆的芳心呢？一年之后这个问题有了答案。出乎人们的意料，拉姆的意中人既不是高大魁梧的尼玛，也不是家庭富裕的阿拉打史，而是朴实勤劳的扎西多吉。对于传统的摩梭女性来说，选择情人是一个非常严谨而挑剔的过程。

在拉姆21岁那年的夏天，她和扎西多吉开始了第一次约会，这是一段充满浪漫、甜蜜的过程。从这一天开始，他们就进入了传统的恋爱阶段，为最终的走婚做好了准备。在整个过程中，男女双方都保持着一种矜持、隐秘和相互尊重。

这是卓玛的妈妈拉姆终生难忘的一个夜晚，在征得双方家长的同意之后，她从这个夜晚便开始了与情人扎西多吉的走婚生活。虽然与传统的洞房花烛夜一样，但这个夜晚没有热烈的欢庆与祝福，一切都沉浸在一种神圣而隐秘的氛围中。拉姆此时此刻心中满载着幸福、温馨和羞涩，她在静静地等待自己情

牵手的摩梭男女

走婚的男孩

拜访女方家的仪式

传统的摩梭家庭

人的到来,这种等待充满了甜蜜,她的情人会以一种什么样的方式出现呢?

在摩梭人走婚的最初阶段,始终保持着一种私密的色彩,扎西多吉要在夜深人静的时候才能来到拉姆的花房,为了不惊动家人他要避开正门,采用一种隐蔽的方式进入拉姆的房间,在天还没有大亮的时候就要悄悄离开这里。

这种低调的走婚持续一段时间之后,扎西多吉就要在媒人的带领下,正式拜访拉姆家的所有长辈们。这个仪式摩梭人称为"咋巴拉"。只有赢得长辈们的认可,他才能真正成为拉姆的伴侣。

在经过这个仪式之后,扎西多吉与拉姆的走婚才可以正式公开。那时,扎西多吉可以在傍晚大方地进入花楼,而不用再避讳其他人。此后,他与拉姆开始了一直持续到今天的走婚历程。

这就是卓玛妈妈年轻时的爱情故事，也是摩梭人世世代代走婚的缩影，正是这种独特的婚姻形式构成了一个完整的母系氏族社会结构，为今天人们探索隋唐时期的那个神秘古国，提供了最为完整的参考。

农历七月二十五日，朝山节到来了。清晨卓玛全家身穿盛装，与来自各村的人们一起朝拜泸沽湖畔的女神山——格姆神山，保佑家族的平安与兴旺。

朝拜完神山之后，就进入了摩梭人一年之中最欢乐的时

泸沽湖上荡歌

消失的文明：古国

格姆女神

光，以家庭为单位的盛大野炊。卓玛一家此时的重心都放在了她的身上，因为朝山节也是摩梭人的情人节，而在这个母系大家庭中，女性的婚姻显得尤为重要，所以全家都盼望着卓玛能够在这一天找到自己心仪的情人。

野炊之后，青年男女最重要的时刻来临了。此时，不同村庄的青年人在这里相聚，尽情展示自己的舞姿和魅力，来吸引异性伙伴关注的目光。每一个摩梭男孩都格外兴奋，他们释放着火一般的青春活力。还有一个小时，今年的朝山节就要结束了，卓玛能够结识让自己心动的男孩吗？

就在这个盛大节日接近尾声的时候，邻村的一个小伙子主动来和卓玛攀谈。他们以后的发展究竟会如

神秘的国度——女儿国

朝拜神山的摩梭人

心情忐忑的卓玛

男孩们的舞蹈

卓玛与男孩交谈

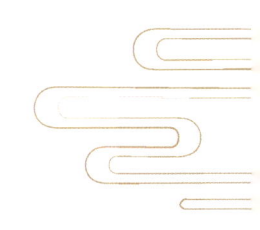

何，卓玛是否能够完成家人的心愿，这依然是一个美丽而未知的答案。

一年一度的朝山节画上了美丽的句号，泸沽湖再次回归往日的宁静。这里的母系家庭结构之所以能够得到完整的保护，应该得益于四周群山的紧紧环绕。相对封闭的环境，使这里长久保持着古老的习俗与宁静祥和。世世代代生活在这里的老人们，都希望自己的后代能够延续祖辈的走婚生活，保持母系家庭的长盛不衰。

泸沽湖边的村庄

女儿国的消失

随着泸沽湖被外界更多地关注,这片原本封闭的土地在不知不觉中已经与外界紧密相连,这里的年轻人也慢慢发生了改变。有些年轻人开始不想走婚,想两个人住在一起,组建一个家庭。泸沽湖的改变,让我们隐隐联想到那个消失了千年的女儿国,它是否也经历过同样的命运呢?

神秘的国度——女儿国

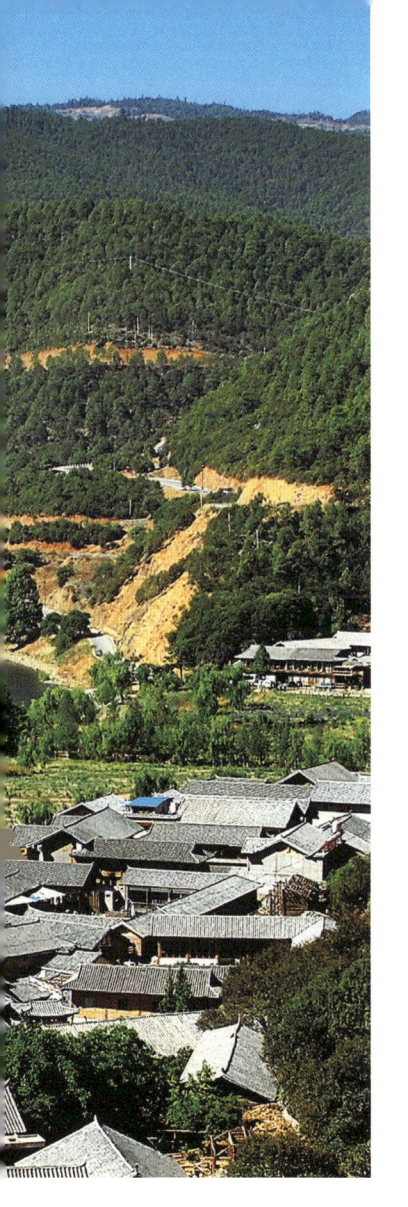

女儿国的消失至今仍是历史上的一个未解之谜，因为唐朝之后的史书中，再也没有出现过它的名字，是什么原因呢？

女儿国曾经与唐王朝交往频繁，在大明宫中经常出现来自这个藩国的使节，唐太宗等历任帝王也为女儿国的国王加官晋爵。但是拥有着如此荣耀的一个古国，却在唐高宗李治即位之后，遇到了前所未有的危机。

一场旷日持久的战争彻底动摇了女儿国的根基。670年，吐蕃攻陷西域十八羁縻州，又联合于阗攻陷龟兹，拉开了与唐王朝近200年战争的序幕。从那时起，唐王朝与西南边陲和平共处的局面被打破了。

而女儿国的所在地西接吐蕃，东邻唐王朝，正处于战争的中心地带，可以想象那时它所经历的动荡岁月和风雨飘摇。

由北宋欧阳修等编撰的《新唐书》中，为人们描绘了饱受战火摧残的女儿国，"其种散居西山、弱水，虽自谓王，盖小小部落耳"，这可能就是女儿国逐渐衰微的写照。

史书记载，793年，女儿国的国王为了保护住自己仅剩的领土，决定投靠唐王朝，希望借助这个王朝的雄厚实力维系自己的领地。她与周围藩国的首领一起，在唐朝皇宫的麟德殿朝拜了当时的皇帝唐德宗李适，并被封为"银青光禄大夫"。

人们猜测着一种可能，女儿国国王的投靠虽然暂时保住了这片领土，但唐德宗的另一道旨意却将她打入了深渊。这道圣旨要求女儿国的下一代国王必须由男性继任，是什么原因让唐德宗做出了如此的决定呢？

这其中的原因与唐王朝的起伏有着不可分割的关联。在李适少年时，如日中天的唐王朝遭遇了一场劫难，史称安史之乱。他不仅饱尝了战乱的颠沛流离，也目睹了一个空前盛世的结束。

在登上帝位之后，李适曾多次进行改革，渴望恢复祖先的荣光，但每一次都以失败告终。反复的挫折，使他形成了极端的性格，也让他无法允许这个不同于自己的女权王国的存在。

迫于皇命，此后的女儿国国王都由男性担任。随着时间的流逝，那个神秘的女儿国，消逝在历史的洪流之中。

女儿国的消逝还存在另一种可能。随着生产力的提高，男性依靠自身的优势创造了越来越多的财富，他们渴望成为这些财富的拥有者，并按照自己男性的血脉代代相传，这使母系氏族社会开始动摇。

在战争和生产中，男性起了更重要的作用，因此他们的地位也发生了根本性的变化。从那时起，母系氏族社会

泸沽湖边的女孩

逐渐退出了历史的舞台，男权时代来临了。因此，从人类发展的进程来看，女儿国的消亡也许是一种不可避免的趋势。

已经消失了千年的女儿国，在西南边陲留下了难以磨灭的光芒，成为历史上不可或缺的一道风景。在今天这个文化多样性的时代里，摩梭人中保留的那些母系社会的特征，成为对那个神奇古国最珍贵的记忆。

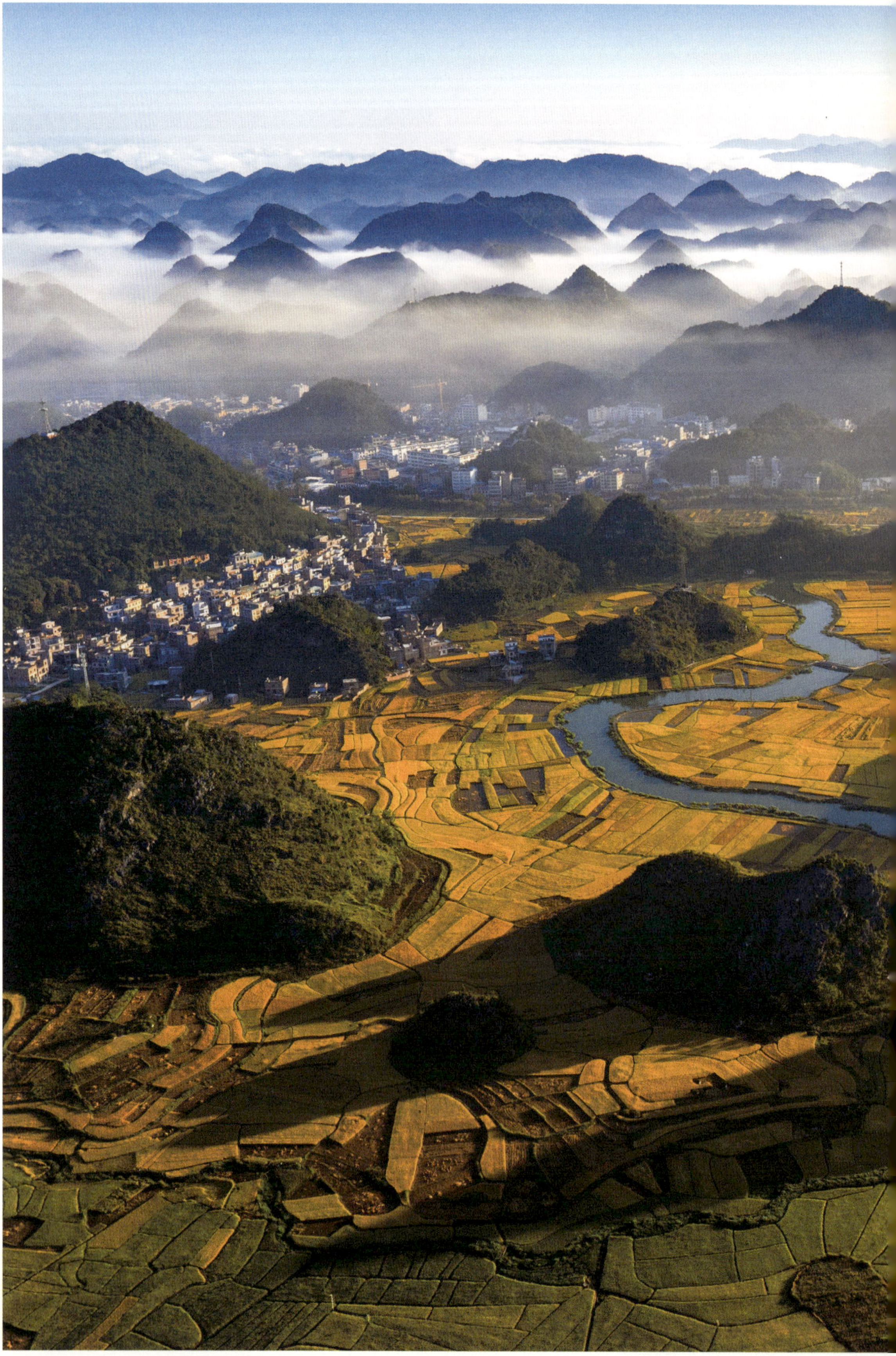

铜鼓的回响
——句町国

　　句町国，位于广西、云南、贵州三省区交界处，在史籍记载中称为西南夷，与滇国、夜郎国、漏卧国齐名。它很可能起源于商代，鼎盛时期在战国至西汉时期。考古专家在西林县发现的铜鼓墓和铜棺墓，说明这里曾是句町国的政治中心之一，墓中出土了很多工艺精湛的铜鼓、铜棺以及鎏金骑马俑和车饰等，展现了句町国的高度文明。但句町国何时消亡，以及消亡的原因，一直是个未解之谜。

云南省文山州广南县风光

消失的文明：古国

牡宜村出土的文物

铜鼓溯源

2007年9月的一个深夜，在云南省广南县的牡宜村，一场特大的暴雨连夜不断。在雨水的冲刷下，坍塌的地下露出了一座古墓。

发现古墓的消息很快惊动了云南省考古部门，几天后，考古专家来到牡宜村进行现场勘查。墓葬中出土了一些陶器、漆器和青铜器，其中几枚汉代特有的五铢钱，使考古专家判断墓葬的年代应该在两千年前的汉代。

这是一个大型的木椁墓，虽然随葬品不多，但在云南地区出现这种规模的木椁墓，足以证明墓主人身份的不同寻常。可惜的是这个墓被盗掘过，残存不多。

牡宜村所在的广南县位于云南省的东南边缘，这次首度发现两千多年前的墓葬，对于中国西南边疆古代史的研究有着重大意义。为了确定墓主人的身份，考古人员把探寻的目光投向了历史。

两千多年前的中国西南地区，曾存在着两个著名的古国，它们分别是滇池流域的滇国和主要分布在贵州境内的夜郎国。这两个强盛一时的古国都有着世代相传的贵族，但今天广南的位置并不在这两个古国的范围之内，这就使牡宜村古墓主人身份的确定陷入了困局。

挖掘现场

牡宜村所在的广南县风光

古滇国和夜郎国的位置图

竞渡鼓

广南县风光

不同类型的铜鼓

一面铜鼓打开了考古人员的思路。

1938年，就在这个古墓对面的山坡上曾出土过一面铜鼓，由于鼓面上有龙舟竞技的图案，考古界就把它定名为"竞渡鼓"。竞渡鼓属于汉代铜鼓，广南县牡宜村墓葬中也曾经出土了汉代铜鼓，这在专家杨帆看来并非偶然。他认为，铜鼓是破解古墓主人身份的重要线索。

铜鼓是中国西南地区和东南亚一些国家特有的古代遗存，也是这一地域考古学和历史学研究的重要对象。铜鼓是部族权力的象征，但铜鼓究竟起源于哪一个古代部族，长期以来学术界一直众说纷纭。

中国的铜鼓遗存主要分布在贵州、四川、云南和广西一带，其中云南和广西数量最多，而位于云南与广西交界处的广南，则是中国铜鼓遗存最丰富的地区。自1938年竞渡鼓被发现以后，广南地区不断有铜鼓出土，那么广南的铜鼓属于哪一个古代族群呢？

消失的文明：古国

考古专家们从已发现的云南古代文明入手，开始寻找线索。在滇池流域，考古发掘已初步揭示了古滇国的历史样貌，滇王金印的出土证实了古滇国的存在，大量的青铜制品传递着这个古国的重要信息。

在出土物中，人们发现古滇国曾拥有大量的铜鼓，这些铜鼓的造型、类别与广南地区的铜鼓大体一致。这是否意味着广南的铜鼓是从邻近的古滇国传入的？如果是，那么牡宜墓葬的主人就有可能是古滇国册封的当地首领。

但在调查中人们发现，广南一带的铜鼓与滇池及其他地区的铜鼓有一个明

出土的滇王金印及青铜器

铜鼓的回响——句町国

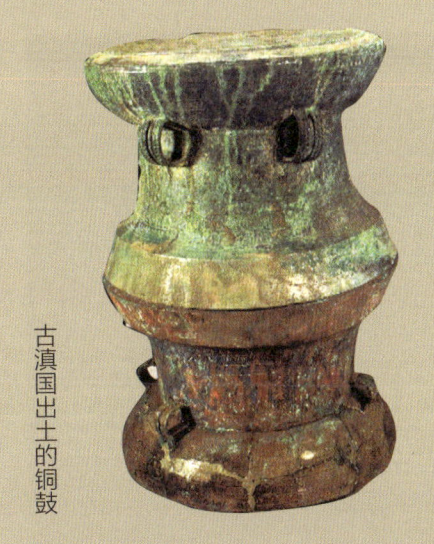

古滇国出土的铜鼓

显的差异：广南的铜鼓不仅仅是地下的出土物，许多铜鼓在民间的世代相传中仍在使用。传世铜鼓的使用者大都是壮族，而这些视铜鼓为神器的壮族人，大都自称是一个古老王国的后裔，这个鲜为人知的古国叫"句町"。

广南县的贵马村是个典型的壮族村落，这天傍晚，一个古老的仪式在村中举行。村中长者聚集在戴联富家中，他们要为村里的五谷丰登而祭祀祖先，祭祀的对象是戴联富家中世代相传的一面铜鼓。他们认为，铜鼓是法力无边的神器，因为祖先的神灵就依附在铜鼓上。他们一面祈祷，一面吸吮着鼓面上的血酒，这将使他们能够获得祖先的保佑。

在贵马村，这面铜鼓是全村的守护神，也是族群古老历史的见证，在他们看来这历史的源头就是那个传说中的句町国。据村民说，这个铜鼓是祖宗传下来的，全村人都要到放鼓的村民家祭铜鼓，而这面铜鼓据说已有2800多年了。老村民说在句町国时，壮族人就与铜鼓相依为命了。

消失的文明：古国

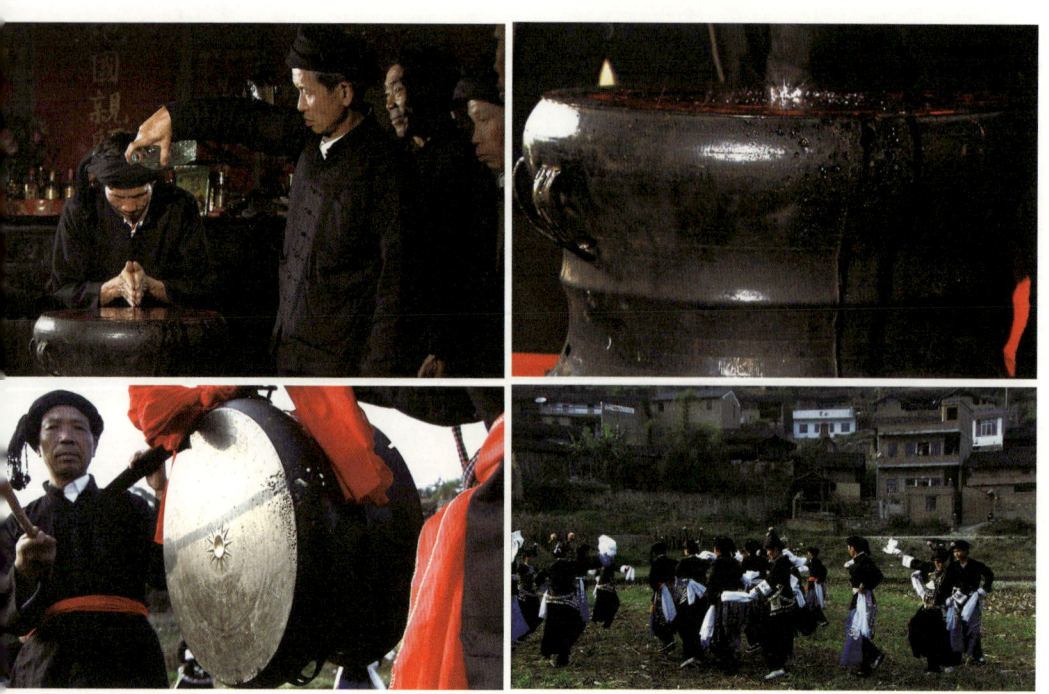

祭祀铜鼓的仪式

铜鼓也是一种礼器，和中原地区的鼎比较相似，在广南拥有铜鼓最多的是壮族。在广南挖掘出的最早的铜鼓，是一个部落或族群的象征，它的作用是在战争中传递信号。

祭祀铜鼓的舞蹈也是世代相传的，据考证，"句町"在古壮语中是部落联盟的意思，而铜鼓就是这个联盟族群的标志。通过对铜鼓的追踪溯源，考古专家们排除了牡宜墓葬与古滇国的联系，而一个鲜为人知的古国也进入了他们的视野。他们意识到，这个与铜鼓关系密切的句町古国，应该是破解牡宜墓葬身世的重要线索。

铜鼓的回响——句町国

句町国寻踪

在查阅史料时，专家在汉代史籍《汉书》中，发现了这样一段描述，"句町……其地为牂牁南境，与交趾、郁林两郡相接"，这不仅是句町国存在最早的证明，也指出了它的大致方位。在晋代史籍《华阳国志》中也有这样一段文字："南中（云南）在昔盖夷越之地，滇濮、句町、夜郎……汉时受封迄今。"这再次证明句町国确实存在，而且它曾与滇国和夜郎国共同受封于汉王朝。

汉武帝统治时期，在西南一隅曾设置了"犍为郡""越巂郡""益州郡"和"牂牁郡"，在广西的西南部设置了"郁林郡"，在今天越南的北部设置了"交趾郡"。按《汉书》中的提示，学者们找到了句町国的位置，它在牂牁郡的南部，与当时的"郁林郡"和"交趾郡"接壤，滇国和夜郎国是它的近邻，而今天的广南县就在它的腹地。

《华阳国志》的记载

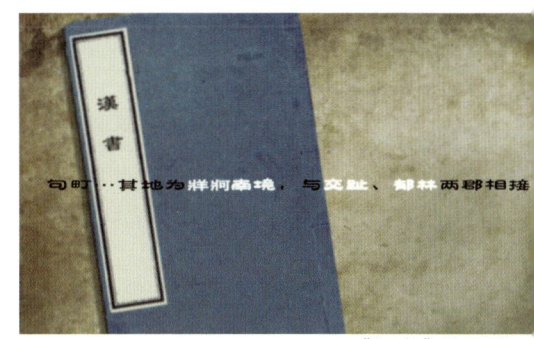

《汉书》的记载

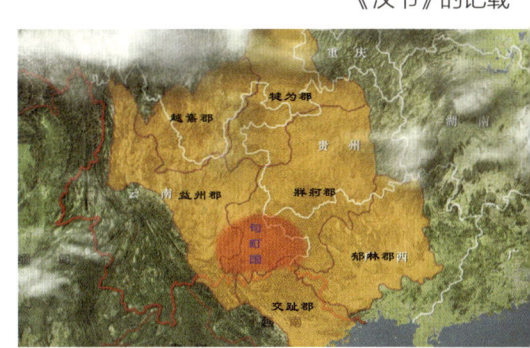

句町国位置图

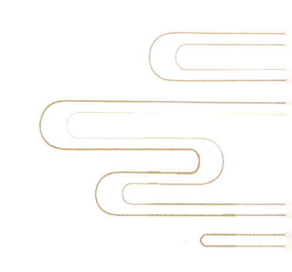

111

汉代，汉王朝政权能管理到的地方都实行了郡县制，但也有很多偏远地方的小国没有分到郡县里面去。汉王朝对这些地方实行了一种"以故俗治"的政策：即归附汉朝的地方小国，可以沿袭旧俗和治理。这些小国享受县级待遇，这就是侯。

有传世铜鼓的地方就有句町国的传说，而现在广南县已被证明是句町故地，这样看来与铜鼓出土地相邻的牡宜村墓葬应该是句町人的墓葬。

在考察中，考古专家杨帆发现牡宜村的农田里有许多带有人工痕迹的封土堆，他们推断这里应该有一个大型墓葬群，如果还有铜鼓的存在，那么不仅有助于破解墓主身份，还可能揭开句町古国的神秘面纱。

广南县自然风光

2011年的春天，经文物部门批准，考古专家杨帆再次来到牡宜村，带领他的团队开始了正式的考古发掘，发掘的目标选择在有封土堆的几处地方。

发掘按计划顺利地进行，在清理了地表土之后，每一个作业点都发现了墓穴。

随着发掘的深入，几乎每天都有随葬品出土，这使杨帆和他的同事们对这次田野考古充满了期待。

发掘进行到第4天的时候，又有金属物露出了地

挖掘现场

铜鼓出土

表，根据经验判断，它应该是一个大型器物的局部。发掘沿着器物的外壁持续伸延，它所暴露的体积也越发庞大，最终，一面大型铜鼓破土而出。

这面造型庄重、纹饰简约的铜鼓，与80多年前在这里发现的那面著名的竞渡鼓同属石寨山型，也就是说它们都是两千多年前的器物。经测量，这面铜鼓的直径达到86厘米，比竞渡鼓宽出2厘米，这使它成为已发现的最大一面石寨山型铜鼓。

鉴于铜鼓与句町国的特殊联系，考察人员将这处墓葬群初步推测为两千年前的句町贵族墓葬，而2007年发现的那座古墓与此属于同一墓葬群。在接下来的探挖中，他

墓葬结构

们将进一步验证这个推测。

  10天后，先期发掘的墓穴已全部显露了出来，考察人员发现，这是一些他们从未见过的浅埋式墓葬。整个墓葬基本上是在一块平地上挖浅坑，然后在上面做了一个用土石堆筑起来的土坑，沿着墓室周边放置的木桩则起了加固的作用。牡宜村的地貌特点为下部石头较多，想挖深坑十分困难，所以这个墓葬只挖了一个浅坑，像现在盖房子的地基，然后再把整个墓室都盖起来。它采用仿中原的型制，把墓室也做了出来。另外，在北边和南边有两个墓道，跟楚国的葬俗有类似之处。在整个墓室的周边，还用青膏泥和石块把整个椁室封闭了起来，起到密封和防盗的效果。

115

世界上最大的铜鼓雕塑(贵州格鲁格桑)

　　在两千多年前,地处边远的句町国,为什么会出现与中原和楚国相仿的墓葬型制呢?

　　在对句町族源的历史探寻中,学者们在《华阳国志》里查到了这样一段文字,"(句町)其置自濮,王姓毋",意思是句町国是濮人建立的,它的首领姓毋。

　　这个记述涉及了一段更为久远的历史。据史料记载,濮人源自上古时期居住在长江中游的百濮部落。史籍中还记载了公元前11世纪在周武王讨伐商朝的

广西百色少数民族大铜鼓

决战中，百濮部落曾经参战，并协助周武王取得了灭商战争的胜利。后来，周朝建立之时，曾对立有战功的百濮部落多有封赐。

几个世纪以后，楚国在长江中游的扩张迫使百濮部落离开了家园。学者们对濮人的迁徙路线进行了长期考证，他们希望用这种方法验证史籍中濮人建立句町国的记载。杨帆发现，学者们揭示的濮人迁徙路线竟与铜鼓遗存的分布区域大体一致。

早期铜鼓沿着长江中游呈扇形向西南地区乃至东南亚分布，主要集中在贵州、广西西部、云南以及东南亚地区。而百濮部落受到楚国的排挤之后，也呈扇形向西南地区分布。有趣的是，当地岩画的分布也主要集中在贵州南部、广西西部以及云南大部分地区，与前二者一致。所以，铜鼓最早应该是百濮部落使用的。

117

文山岩画

岩画和铜鼓的佐证

广南县所在的文山州正是一个岩画遗存丰富的地区，有铜鼓遗存的地方几乎都有岩画，这一历史遗存的共生现象引人注目。学者们开始通过这些岩画，寻找濮人与句町国的联系。

目前在世界范围内，岩画的断代问题都是比较难的，常常只能采取对比的方法来确定岩画大致的年代。但是从云南的岩画来看，特别是文山地区的岩画，它的时代应该是战国和战国以后。

远古时期，文山地区是濮人的居住地，从当地岩画中可以看到用羽毛装饰的人物形象。而出土的铜鼓上，在鼓腰上也有跳羽人舞的人物形象。这似乎可以说明句

铜鼓的回响——句町国

町人延续了远古濮人用羽毛装饰的传统。

古代长江以南的民族中，普遍存在着鸟图腾。后来，在发展的过程中，东夷有一部分鸟图腾变成了凤，而濮人则保持了这一传统。在今天广南县壮族妇女的节日盛装中，还可以看到头插羽毛的远古遗风。而这种高耸的头饰则被认为是鸟羽的演变。

通过对岩画和铜鼓图案的对比分析，学者们认为，岩画和铜鼓的制作者属于同一个族群。他们延续着从远古的濮人到后来句町人发展脉络，而这个族群的历史基因，仍遗存在今天当地人的生活之中。

鸟形状头饰

岩画上戴羽毛的人

铜鼓上戴羽毛的人

消失的文明:古国

牡宜墓出土的青铜器

　　来自长江中游的濮人不仅建立了句町国，也把它与中原和楚国的文化渊源留在了墓葬的形制中，这也印证了牡宜墓葬属于句町国遗存的推测。

　　在发掘牡宜墓时，大量出土的随葬品在广南县博物馆被清理分类，人们清晰地看到了这些器物的真实面貌。这些散落的玛瑙、宝石经过了人工打磨钻孔，显然是些华贵的装饰物。

散落在墓中的宝石

120

铜鼓的回响——句町国

羊角造型编钟

青铜器出土量是最大的，在用青铜制造的生活用品中，可以看到宝石的镶嵌。一些更为贵重的器物进行过表面鎏金处理。从这些出土物中可以看出，当时人们在青铜制作工艺上已拥有相当高的水准。

编钟是古代中原地区王室贵族的礼乐重器，而这对顶部有羊角造型的编钟在保留原有功能的基础上，被赋予了西南地域的特色。

编钟和铜鼓的出土，证明了墓主人为部族首领且受过汉王朝册封，这与史书记载的句町被汉朝封侯的事件相吻合。而考古专家杨帆认为句町国被封侯的时间早于西汉。他认为，句町包括夜郎和滇国，在它们都还没纳入西汉的版图之前，史籍就以侯称呼它们。根据史料记载，在周武王伐纣的时候，西南很多民族，都参与了这场战争。当西周建立以后，周武王封了很多王侯，其中很可能包括句町侯、夜郎侯和滇国的国王。

铜鼓的归属

在所有关于牡宜墓是句町人所建的证据中,铜鼓无疑是其中的焦点,它被认为是句町人标志性的器物。但在中国的西南,许多句町故地以外的地区也拥有铜鼓遗存,这个现象又如何解释呢?为此,学者们再次对古滇国的铜鼓进行了考察。

他们发现,古滇国的铜鼓尽管和广南一带的型制相同,但在上面却多出了顶盖,铜鼓里面装有贝类货币,是储存货币的器物。古滇国为什么会拥有这种特殊的铜鼓呢?

在两千多年前,百濮民族构成的句町国与氐羌民族构成的滇国比邻而居,出于生存而竞争,时常处于战争状态。

滇王墓中,铜鼓的顶盖上有许多生活与战争场景的雕像。经过金属分析,考古人员发现顶盖与鼓身的金属成分不同,是为储藏货币在原来的铜鼓上加铸的。专家推测,顶盖上的战争场景,应该与这些铜鼓的来历有关。

储藏贝币的铜鼓

铜鼓的回响——句町国

铜鼓顶盖上的战争场景

　　早期的滇国是强大的，在与句町国的战争中通常会取得胜利。当一场战争结束后，句町人指挥作战的铜鼓，自然会成为获胜方的重要战利品。而被句町人视为神器的铜鼓，在滇国人那里则会有另一番命运。比如改做成储贝器，表现出他们对铜鼓甚至句町人的蔑视，石寨山、李家山出土的铜鼓中就有这种现象。

　　在漫长的岁月里，通过战争的掠夺与族群的交往，许多部族都曾获得过铜鼓，再加上早期迁徙路线上散落的句町族群，使中国西南的许多地区都有铜鼓遗存的现象。

　　铜鼓一共有8种类型，这8种类型只在此地全部存在。其中，最古老的"万家坝"型，在句町国的范围里有发现。因此，专家一致认为造铜鼓的是句町人。

　　铜鼓归属的确定也使牡宜墓葬属于句町国的推测得到了证实。那么，句町国又是一个什么样的古国呢？

句町王庙

神秘的句町王

在滇池之畔的通海县,有一座历史悠久的寺庙,当地人叫它"句町王庙",庙中供奉的是一位名叫毋波的句町王。

两千多年前,远离句町国的通海位于滇国境内,这里为什么会出现句町王的神庙,这位叫毋波的句町王是真实的人物吗?

牡宜村的考古发掘进入第30天,作业已到了收尾阶段,当天下午,考古人员对墓底进行最后的清理时,在泥土中发现了一块闪着金光的器物。经过清理,它的真容让人为之一震，这是一块纯金的腰扣。在它上方刻有龙的图案，下方是一只虎的造型，在动物的眼中还镶有绿色的宝石。

杨帆马上想到多年前在滇王墓中也曾出土过一块同样的金腰扣，经过对比，这两块腰扣型制相似。句町国的墓中为什么会有与滇王墓中相同的器物呢？由于滇王金印的出土，使同期出土的腰扣被确认为滇王所有，那么句町墓中的腰扣是否与滇王有关呢？

历史上曾经有过记载，汉武帝赠给一些地方政权金腰带扣，甚至外国使节来进贡时，也受赠过。现在南方发现的这两块腰扣上，都有两个图形标志：龙，中央王朝最高统治者皇帝的标志；虎，西南民族的图腾。所以，这腰扣既不是滇王赠予的，也不是句町国自己制造的，而是中央王朝赠予的权力象征。

考古专家们判定这块金腰扣归句町王所有，而这处墓葬的主人也很可能是句町王。

墓葬挖掘现场

金腰扣出土现场

金腰扣上的龙纹图案

句町王塑像

但早期的句町首领被册封的是侯位，而不是王位，王侯岂能混为一谈？在史料查询中，学者们发现《汉书》有这样一段记载："句町侯毋波率其邑君长、人民击反者，斩首捕掳有功。其立毋波为句町王。"这表明句町王毋波是历史上真实的人物，也表明他的封王源于一场"击反者"的战争。

在接下来的史料分析中，专家复原了这段发生在公元前86年的重大史实。这一年，滇池流域的部众发动了反抗西汉统治的暴动，据记载，反叛人数达数万之众。他们攻城略地、斩杀官员，汉王朝两次派兵征剿都惨败而归。后来，他们联合了句町国的兵力，再次向反叛者发起围剿。随

铜鼓的回响——句町国

着战事的发展,汉朝与句町国的联军逐渐占据了上风。此时的句町侯叫毋波,在他的全力配合下,联军最终取得了大胜。

由于助战有功,汉王朝将毋波由侯位升为王位。战争的胜利不仅使毋波成为第一代句町王,也使句町的国力变得强大起来。这段史料,也为通海句町王庙的存在提供了历史的注脚。

通海是当时句町王的前沿指挥部,至今这里都流传着许多句町王的传说,而纪念句町王的庙宇也在此存在了千年。

在滇池流域的军事胜利,使句町国乘胜扩充了势力范围,曾经强大一时的滇国,在它的打压下势力不断衰弱。毋波时期的句町国,成为当时西南地区最强大的地方势力。正是这一时期之后,滇国逐渐从历史记载中消失了。

句町王庙

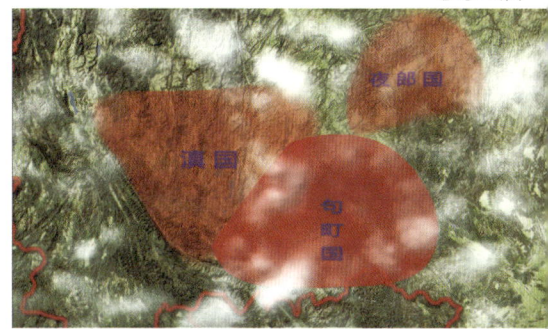

句町国位置图

滇池

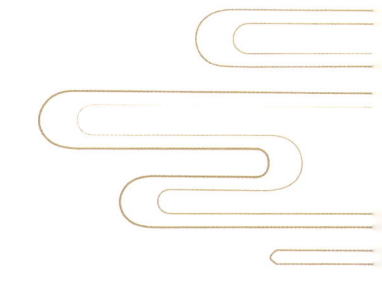

127

滇国的消失至今还是个历史之谜，但日益强盛的句町国对它的军事打击、领土蚕食，应该是滇国灭亡的重要原因。毋波统治下的句町国称雄一方，他在征战的土地上留下了深远的影响，以致两千多年后的今天，在当年敌国的故地，毋波仍享受着神圣的供奉。

那么，在句町故地广南，是否也存在着对句町王的古老记忆呢？

在接续的调查中，壮族民间祭祀中的《诗经》唱诵引起了学者的注意。壮族《诗经》中有许多壮族祖先的神话叙事。其中，在关于"王"的传说中，出现了很多战争场景，学者们发现这些内容与句町王毋波的经历非常接近。

这个"王"究竟是不是毋波还无法确定，沧桑之变中，代代相传的民族往事总会在神话色彩中显得扑朔迷离。由于大山的阻隔，各村寨曾长期处于封闭状态，这使他们的历史记忆常有着巨大的差异。因此，调查并未在否定和模糊的答案前止步。

不久，学者们走进了大山中的那浮村。每年祭祖的时候，那浮村的村民都要在村口的寺庙举行隆重的祭祀仪式，而他们世代守护的寺庙竟然是一座句町王庙。这是广南地区唯一的一座句町王庙，牌位上供奉的正是第一代句町王毋波，村民们谁也说不清这一习俗到底源于何时。

但这处鲜为人知的民间遗存让人们看到，毋波称王的强盛时代，给这个族群留下了深刻记忆。这段记忆穿越千年，在这个小山村被顽强地存留至今。

铜鼓的回响——句町国

句町王牌位

毋波王祭台

129

营盘山外貌

旗杆洞

墓葬群的秘密

第一代句町王毋波是否就埋葬在牡宜,目前还无法确定,但已有的发现使学者们确信这是一处句町王族的大型墓葬群。此时,一个新的疑问出现了,群山之中的牡宜村为什么会拥有如此众多的王族墓葬?

考古工作队在当地村民的配合下,开始了牡宜墓葬周边地区的田野考察。村边有座山叫"营盘山",它的得名源于古代这里曾有驻军的传说。

在野草丛生的山顶上,考察人员发现了一处人工建筑的遗迹。虽然岁月的侵蚀使建筑只剩下了基础部分,但仍能清晰地

铜鼓的回响——句町国

看出，它是用山上的石灰岩和积土堆砌而成的。

自小在这里玩耍的村民，特意介绍了一处叫作"旗杆洞"的遗存。"旗杆洞"就是插旗杆的地方，这些圆圆的孔洞明显是人工开凿的。

首次田野考察之后，考古工作队又投入了更多的力量，把考察的目标扩展到牡宜村四周的群山之中。这是一片人迹罕至的原始森林，山中几乎没有道路通行，考察队员们只能在丛林和荆棘中艰难地前行。

当登上最高山的山顶时，人们眼前再次出现了人工堆砌的遗迹，这些遗迹与营盘山上所见到的完全一样，由于山高路险，这处遗址保存更为完好。

这里是牡宜的制高点，四周的群山和整个牡宜平坝都一览无余。可能当时这里属于瞭望哨，在这里可以看到南、北两面。如果有敌人进来，可以及时地通

营盘山山顶

131

知周边山上驻扎的部队，所以这个位置在战略上是挺重要的。

在中原地区，皇城和皇陵的距离稍远，但这样小的诸侯国，它的王城和王陵的距离一般不会超过5千米。滇池周边发现的晋宁石寨山（古滇国）墓地，和它的王城遗址，仅相距2千米

左右。

  根据考察获得的信息和中国古代王陵与王城的布局规律，杨帆推测牡宜村很可能就是当年的句町王城。随着考察活动的深入，人们已逐渐触摸到了这个古国的历史。

石寨山考古遗址

广西壮族特色乐器铜鼓的鼓面

句町国的消失

  但是，曾经强盛一时的句町国，为什么从历史上消失了呢？史书并没有记下句町国消失的过程，但在又一次发生在云南的战争中，出现了关于句町王国的记述，这是一次对句町国命运影响至深的历史事件。

  公元 12 年，也就是句町封王的 90 多年以后，篡夺西汉政权的王莽颁布法令，将各少数民族封国由王位降到侯位。由于称雄一方的句町王拒不从命，勃然大怒的王莽派平蛮将军冯茂率大军前去讨伐。于是，一场空前的大战在西南爆发了。

  此时的句町王凭借强大的军力给前来征剿的军队以沉重打

击，据《汉书》记载，"平蛮将军冯茂击句町，士卒疾疫，战死者什六七……更遣宁始将军廉丹与庸部牧史熊大发天水、陇西骑士……合二十万人"。

面对惨重的失败，王莽数次派大军轮番征剿，前后投入的兵力多达数十万。

这场战事前后持续了10多年，最终随着王莽政权的覆灭而偃旗息鼓。

旷日持久的战争，不仅拖垮了王莽政权，也极大消耗了句町的国力。也就是从那时起，关于句町国的记载逐渐从史籍中消失了。一些学者认为，东汉以后句町国国力日衰并不断受到周边部落的打压，最终被迫向广西、贵州方向迁徙。

并非巧合的是，云南的铜鼓恰好在东汉以后出现了长时间的空档。也就是说，从魏晋时期直至宋元时期，铜鼓就没有在云南出现了，而是主要在贵州和广西出现。后来随着明朝对边疆地区的控制，又有一批今天称为壮族的族群向云南迁徙，于是云南又出现了铜鼓。

句町国消失已久，它的历史曾扑朔迷离，但牡宜村的墓葬却让人们看到了这个神秘古国的存在，看到了句町国的传奇往事。人们还看到，这个古老的族群并未随王国的消失而消亡，而是历经沧桑演变为了今天的壮族。他们守护着世代相传的铜鼓，延续着族群的文化基因。

关于句町国，还有许多未解之谜，但持续的探寻会逐步揭开更多的神秘面纱。

王陵谜踪
——泗水国

穿越千年历史，从刘邦建立西汉到王莽篡位，西汉中央政府在今天江苏地区曾经分封过 5 个诸侯国：楚国、吴国、江都国、广陵国、泗水国。随着考古发掘，徐州的楚国墓，扬州的吴国墓、江都国王墓、广陵国王墓都已经相继被打开，唯独泗水王墓没有被发现。

那泗水国到底存在不存在呢？如果存在，它到底在哪里？

泗阳成子湖

神秘的泗水国

据史料可查，古泗水国从汉武帝时期开始存在了100多年，而关于泗水国的资料，在《史记》《汉书》《资治通鉴》少有记载，它究竟是一个怎样的王国？这100多年来创造了怎样的辉煌？有哪些鲜为人知的历史功勋？却无处可寻。

汉景帝时期爆发了著名的"七国之乱"，罪魁祸首就是屯聚江苏地区的吴国和楚国。"七国之乱"被平定后，楚国被削弱，吴国被废除，重新分封了广陵国。

到了汉武帝时期，汉武帝在楚国和广陵国之间的泗水河流域派驻了一位刘姓王。他率领兵团在此建立泗水国。汉武帝之所以派泗水王在广陵国和楚国之间驻扎，就是希望能够制衡和削弱楚国和广陵国的势力。

既然是为了军事目的被派往泗水地区，那这支队伍在军事力量上一定很强大。汉武帝究竟会用什么样的人和军队来制衡这两个强大、富庶的诸侯国呢？揭开神秘兵团的真实面纱，成为专家们进一步探寻的重点。

泗水国位置示意图

吴国、楚国位置示意图

汉武帝雕塑

王陵谜踪——泗水国

泗阳县位置

泗阳县位于江苏省宿迁市境内，是苏北平原上一座拥有5000年历史的古县城。在这块土地上有很多的传说和历史发现，当然也埋藏着许多鲜为人知的秘密。

2016年6月的一天，当地考古队员在泗阳县城南面的近郊考察时，发现了一座类似古城的遗址，有学者猜测这座古城遗址很可能是一座王城遗址。这一大胆猜想与在20世纪末21世纪初的考古发现存在某些争议。

20世纪末，南京博物院的考古专家来到了泗阳县城北33千米处的穿城古镇进行考察，最终揭开了一个王国的身世之谜。

穿城是泗阳县的一个千年古镇，考古队员发现古镇上有三怪：一是饼怪，二是井怪，三是地势怪。

泗阳成子湖

穿城的大饼

　　穿城的大饼直径有60厘米，厚度达5厘米左右，需要几个人才能吃完一整张大饼。传说这种穿城大饼是由瓦岗英雄程咬金所创。相传程咬金率领瓦岗兄弟路过穿城置办军粮，程咬金食量巨大，所以他要求做大大的饼，后来这种饼一直在当地流传至今。

　　据传，穿城曾经有72口古井，这些古井里的水位线有的明显高于地平面，井口全部是用青石砌的，上面小，下面逐渐放大。其中，东大井和西大井传说是相通的。在古代，打井并非普通百姓能力所及，一个小小的古镇为何要打这么多的井？又为何人使用？

　　穿城的地势更是特殊，中间高、四周低，而且高低相差很悬殊。民间传说，穿城的制高点就是薛仁贵的点将台。

　　一张几个人才能吃完的大饼和可供许多人饮水

的众多古井，还有传说中的点将台，这一切都将人们的思维引向兵营，引向一支不为人知的神秘军团。穿城这些奇怪的现象令南京考古专家产生了强烈的预感——这个古镇不平凡。

随后，南京专家发现，从穿城往泗阳县城方向与三庄乡接壤的中轴线上，分布着60多个大大小小的土墩。三庄乡的这些土墩和穿城传说中的点将台如出一辙，但不同的是，这些土墩的型制比穿城古镇的点将台小了一些，周边也没有那么多的古井。

穿城的古井

汉朝驻兵模拟图

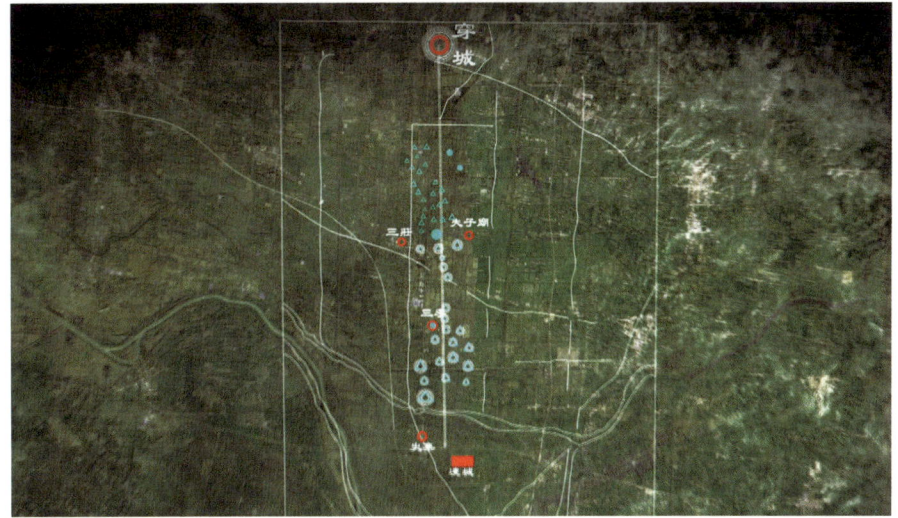

地形中轴线示意图

　　穿城的穿字在古文中有一个解释为墓穴的意思，有学者据此提出，穿城会不会就是一个巨大的古墓？如果穿城是古墓，那么穿城以南7000米范围内60多个大土墩也有可能是古墓。

　　南京博物院的专家专程对这些土墩进行了详细的实地勘察，对周边田地里散落的器物残片也进行了鉴定，最终证实这些大土墩就是距今两千多年前的西汉古墓群。其中，最大的占地8000多平方米，最小的几百平方米，这些古墓有规律地分

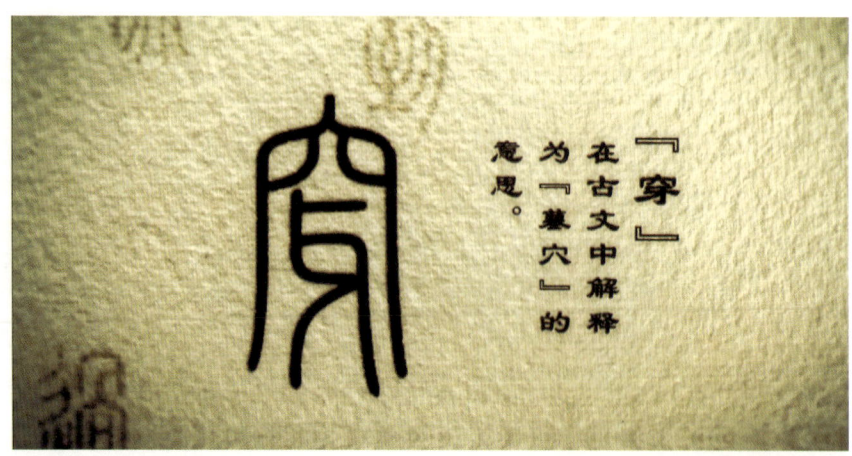

"穿"字释义

"穿"在古文中解释为"墓穴"的意思。

布在一条南北中轴线旁。这里面埋葬着什么人？一座可以供神秘军团驻扎的古镇与一个庞大的古墓群，它们是怎样的关系？泗阳这个位于古泗水之阳的地方，历史上又发生过什么呢？

终于，一个机会来临了。

1997年12月31日，南京博物院的院长徐湖平接到了一个消息，称泗阳古汉墓群的一个古墓被盗，盗墓分子已经逃逸，古墓被破坏，需要专业人员到场帮助。

被盗古墓为于墩大墓，一个大得惊人的盗洞直入墓中。经过勘查，大墓被破坏得并不严重。带着对汉墓频频遭遇盗墓破坏的无奈，以及试图揭开这片古墓秘密的渴望，泗阳县地方人民政府建议省文物考古部门对被盗汉墓进行抢救式挖掘。

当考古队发掘墓葬区时，发现这里只有散落在土层里的一些陪葬器物残片。在清理墓道时，他们还发现了王莽时期的钱币。

2000年前后是盗墓分子特别猖獗的时期，泗阳汉墓群的新盗洞越来越多。眼见国家的文物屡屡被盗，南京博物院的院长徐湖平决定向国家文物局打一份紧急报告，希望抢救式发掘泗阳汉墓群。经过多次勘察，徐湖平带领考古队最终选定了陈墩和大青墩。

大青墩汉墓占地7000平方米，外观上是整个汉墓中规模较大的汉墓之一，颇具王者气派。大青墩汉墓属于整个汉墓群中由北向南的第二墓组，以它为中心，周围还分布着6座小型汉墓。陈墩在大青墩的北侧，面积1700多平方米。陈墩和大青墩从外观上保存都比较完整。

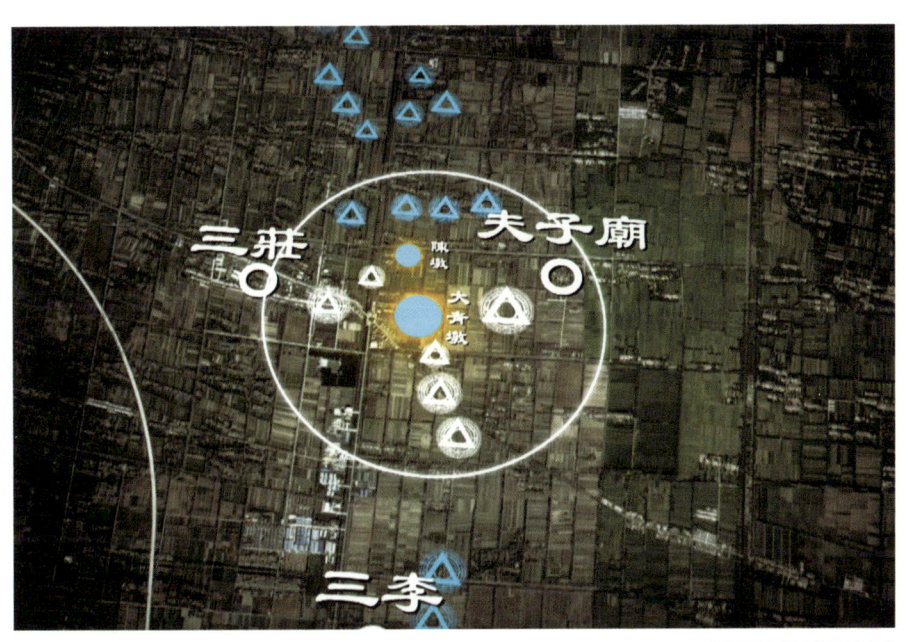

泗阳汉墓群示意图

两座古墓

2002年11月20日，对陈墩古墓的发掘正式开始。人们期待从这里可以发现泗水王国存在的有力证据，希望印证泗水兵团的强悍勇猛。当时南京博物院专家凭经验感觉陈墩墓保存比较好，里面没被盗挖的可能性非常大。但是当考古队员拨开一层层表土之后，发现该墓葬的西北有两个盗孔，现场立刻有些紧张。庆幸的是，后来发现盗孔在距墓葬1米处突然消失——盗孔竟然打偏了。考古队员们虚惊一场，继续挖掘。

到了晚上，考古队有了重大突破，一具完整的棺椁逐渐呈现在考古队员面前。从棺板的缝隙中可以看见其中部分文物，现场一片欢呼声。

考古挖掘现场

此汉墓主室按东西走向分为主棺和边厢两个部分，均为木质结构，考古队员打开北侧木棺的一部分，发现这是墓室中用于存放随葬品的边厢部分。他们十分期待出现兵器或者仪仗之类的东西，当然也更希望看见带有文字记录的物品。

考古队员在边厢中发现了75件文物，有青铜壶、青铜盆、青铜鼎、漆盘、耳杯等，大多保存完好，研究价值极高。还出土了一架古瑟，长1.6米，宽约0.5米，是当时我国汉墓中出土的最大的一件。

除了古瑟，里面还出土了许多和音乐有关的器物，可是一件与兵团和泗水国相关的器物都没有发现。大家把希望转移到墓主人的墓室。

11月25日，汉墓中的古棺被打开，但是现场的情形却令所有考古人员大失所望。呈现在人们面前的仅有一具古人遗骸和数

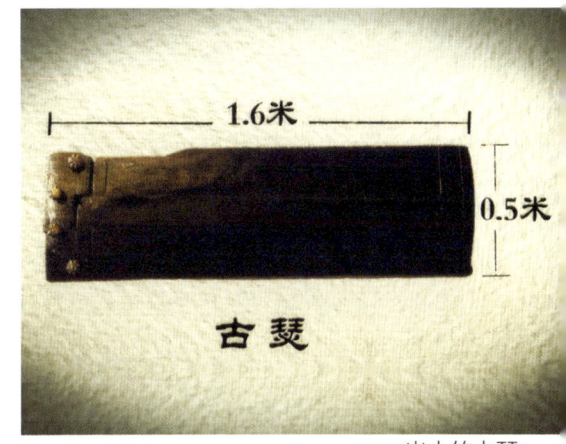

出土的古瑟

出土的棺椁

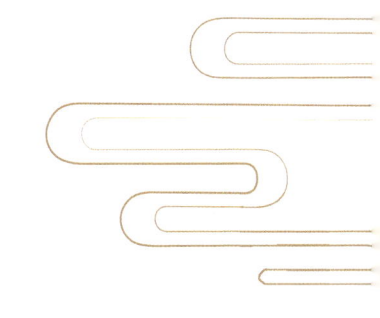

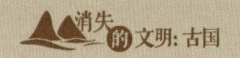

目不多的随葬物，没有金缕玉衣，也没有奢华的陪葬品。从常理推断，墓主人的身份与王侯身份也极不相符，一件与泗水国相关联的器物都没有吗？

棺椁里墓主人骨架保存完整，身高约 1.6 米，专家们当时无法识别是男是女。墓主人究竟是谁？

这时，在边厢整理文物的工作人员突然发现一件带文字的漆盒。漆盒中清晰的印有张氏两字。难道墓主人不是刘氏家族的人？这是一个重要发现。

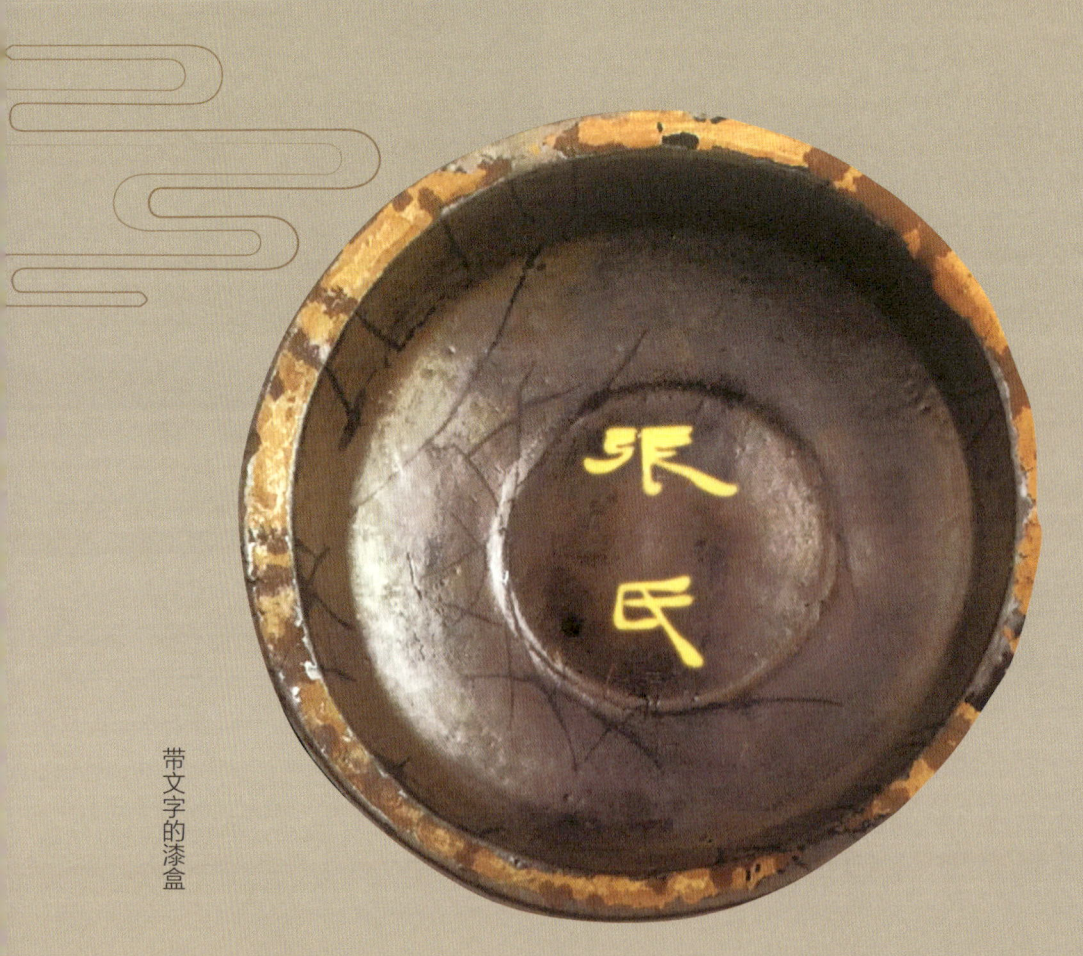

带文字的漆盒

11月26日就在准备收工时，又发生了戏剧性的一幕。考古队员对棺室里的混合腐败物用筛网反复筛洗，竟淘出了一枚铜质龟钮印章，上面清晰地刻着张廷意三个字。专家们非常开心，但也非常疑惑。一般来说，龟钮印章分为两种：龟钮金印和龟钮银印。龟钮金印的使用者一般为皇太子、丞相、列侯身份等级非常高的人；龟钮银印的使用者一般是二千石一级的官员，差不多相当于今天的省部级干部。

墓主人姓张不姓刘，这和边厢的张氏器物相吻合，虽然考古已经有了重大发现，但却让专家们感到更加疑惑。经过对张廷意骨骼的研究，一个更出

出土的铜质龟钮印章

墓主人 张廷意

考古现场

乎预料的结果出现了:墓主人居然是一位35岁左右的匈奴女性。

根据出土的器物可以确定,陈墩是一位女性贵族墓,这一切与刘姓汉室泗水国的猜想相差甚远。但也有专家坚持认为西汉时期民族大融合,假若匈奴人张廷意是一个掌管宫廷音乐方面的女官,即使不姓刘,作为被重用的贵族,也是有资格葬入皇家贵族墓葬群的。

就在考古队忙于梳理陈墩考古成果的时候,巡防人员在大青墩的角落里竟然发现了许多散落的子弹,人们怀疑一伙危险的盗墓分子已经冲着大青墩来了。他们是想抢夺发掘成果,还是准备抢先盗墓?抢救发掘大青墩的行动迫在眉睫。

王陵谜踪——泗水国

2002年12月10日，大青墩古墓的考古挖掘开始了。考古队首先开挖了一条5米宽的南北向探沟，当该探沟降至墩顶以下8米时，墓坑暴露。两天后，考古队在探沟的中间部位边上发现了一个早期的大盗洞。盗洞上口直径约10米，下口直径约1.5米。考古队员们满怀热忱的心一下子就凉了一半，这么大的盗洞，墓葬还不知道被盗得多么惨呢！

开弓没有回头箭，考古队凭借多年的经验决定继续向下挖，这一回令人费解的事情再次出现：考古队员发现脚下逐渐呈现出来的是一根根并排摆放的圆木。圆木是连根带梢那种不精致、很杂乱的，根本不像王侯级别的墓葬方式。考古队员都以为又是竹篮打水一场空，然而细心观察后，他们发现有几根圆木被砍断，构成了两个盗洞，径直向下延伸。既然还有盗洞往下去，他们就看到了一丝希望，于是移开一根根圆木继续往下挖。当一层层夯土被剥开之后，令人惊喜的一幕很快出现：

千年金丝楠木树王　　　　　　金丝楠木实木纹理

151

一个上面铺满金丝楠枕木的巨大棺椁出现在考古队员面前。

金丝楠木是一种极其珍贵的木材,是历代王室贵族墓葬的首选。用金丝楠木做棺椁,足以说明这位墓主人地位不凡。然而,那两个垂直而下的盗洞,穿过厚厚的金丝楠枕木直入主墓室,令在场的考古队员十分担心。

随着挖掘的深入,泥土被逐层地清理,整个墓室布局全部显露了出来。墓室南北朝向,由主墓室和东、西、南、北外藏椁相围绕,南北长9.6米,宽8.8米,高2.7米。从墓室的大小还有墓道的长度来看,这个墓毫无疑问是王侯级别的。

主墓室顶部盗洞直入墓主人室,考古队员没有急于打开主墓室,而是先从四周的外藏椁入手。当南边一个厢室上的土被清完后,考古队员发现该厢室并未被盗过。接下来,惊喜接二

大青墩古墓盗洞模拟图

王陵谜踪——泗水国

出土的木立俑

出土的木骑俑

连三地出现。掀开外藏椁上面的盖板，各种陪葬品静静地躺在里面。南外层椁中间以木隔断，分东、西两部分，共有随葬木立俑36件，木坐俑29件，木骑俑9件，木马15件，木猪1件，木质房屋模型1件，另有木车、陶器、铜器、铁器等文物10余件。

消失的文明：古国

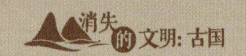

在大青墩东北的外藏椁主要盛放稻谷，出土时稻谷均已腐烂发黑。西外藏椁为厨房和储藏间，出土有铜盘等铜器，陶盒、陶豆、陶罐等陶器。主椁室与南外藏椁之间还有夹层，其中也出土了不少文物。

这件出土于大青墩古墓的弩机被考古界称为中国第一弩机，现存于南京博物院。弩机上采用错金银工艺，镶嵌了一箭双雕的图饰。据史料可查，一箭双雕成语出自隋唐时期的一段典故，而弩机上的一箭双雕要比隋唐时期的成语典故早了近1000年。

出土的弩机

王陵谜踪——泗水国

汉墓仪仗队模拟示意图

　　发现了那个时代最具杀伤力的兵器，正是考古队所期望的。这件美轮美奂的精致武器一定是墓主人生前的心爱之物，那么什么样的人才配得上如此精良的兵器呢？他是不是汉武大帝派驻泗水的神秘兵团领袖呢？大青墩墓主人与那个神秘兵团的主人似乎越来越接近了。

　　接下来，考古队在墓道西侧发现一个上下两层的大型陪葬坑。随着陪葬坑上的木板被撬动搬开，展示在人们面前的是几十个马俑和许多木俑。考古队员共发现72匹马、9辆马车以及驾车的驭手，这是一个马车队。能够使用9辆车作为出行仪仗，说明这个人生前的身份应该非常高，应属帝王一级。专家猜测，这个墓主人很可能是泗水王。

155

秦亡汉兴，汉承秦制继续实行郡县制。但汉初实际上是郡国并行的制度，所分封的诸王，大者跨州兼郡，连城数十。因此，西汉诸侯王陵多为规模仅次于帝陵、结构与帝陵相似的墓葬。

在中国古代，特别是先秦、秦汉这一段时期，从官方到民间都有厚葬风俗，这跟当时人们视死如生的观念紧密结合。也就是，这个人虽然去世了，但是作为他的亲属还是要把他当作生者一样去供奉。

崖洞墓

王陵谜踪——泗水国

竖穴土石坑木椁墓

汉代石棺

以往历史考古发现表明，西汉时期诸侯王墓在结构上主要有三种类型：第一种是凿山为洞，因山为藏的崖洞墓；第二种是在山坡或平地上深挖竖穴墓坑，坑内构筑木椁的竖穴土石坑木椁墓；第三种是在山坡上开发墓坑，并用石头构筑的竖穴石室墓。大青墩出土的这个大墓，在型制上属于竖坑大型木椁墓，尽管这里面没有出现黄肠题凑，也没有发现金缕玉衣这些彰显主人高贵身份的陪葬品，但是从墓室的大小、墓道的长度来看，这个墓毫无疑问是王侯级别的。

157

盗墓模拟图

　　2003年1月7日下午，考古队员搬开厚厚的椁板，大青墩主墓室终于被打开。棺椁被打开后，考古队员们看到了最不想看到的景象：两室均严重被盗。考古队员对两个棺室逐一清理，竟然什么都没有发现。里面什么都没有，全都是细细的稀泥。

　　这怎么可能？以往考古挖掘即使遭遇盗掘，人骨、牙齿、玉残片之类也会残留下来，但这一次大大超出了考古队的想象。

　　主棺室有东、西两室，各有一棺，东侧为主室，西侧为副室，根据大小、规格猜测，东侧为男性，西侧为女性。从盗洞的土层查看，主墓室最早从汉代就有人光顾过了。难道汉代的盗墓分子为了盗走完整的金缕玉衣，在墓主人尸骨还未腐烂的时候，就连尸体和玉衣全部偷走了？

　　杂乱的圆木覆盖棺椁之上，没有尸体的墓室，带有诅咒般直插棺椁的立木桩，是恶意人为还是天意巧合？墓主人死后又经历了哪些鲜为人知的劫难呢？

"泗水王冢"与刘绶印章

虽然现场已经发掘了大约660件文物，大青墩考古挖掘已经接近尾声，剩下的工作就是对现场进行清理与核实。然而，对于印证泗水国的有力证据却仍然无处可寻。

正当大家心有不甘的时候，在主墓室南侧外藏椁工作的一名考古队员突然发出惊呼。这个椁板位置在主棺室的头厢上方，打开头厢时，椁板被平抬下来，没有人看到椁板下面的字迹。一位爱好摄影的考古队员在拍照时，突然发现木头上有被火烫过的痕迹。他仔细一看，好像是篆字"泗水王"，他激动地招呼身边的人过来一起看。椁板的背面隐约可以看见炭黑凹陷的文字，经专家仔细查看，发现"泗水王冢"4个字。这4个字是用火烙印出来的，属于阴文，经过几千年的埋藏，上面长了苔藓一类的东西，形成一种色差，让这几个字很清晰。

椁板下的字迹：泗水王冢

消失的文明:古国

汉朝军队模拟图

"泗水王冢"4个字，让考古队员们激动不已，这是一个令人满意的结果，它用不可置疑的证据证明了泗水王国曾真实存在过。汉武大帝设置在泗水之滨、吴楚之地的神秘兵团，正在一点一点地浮出历史长河。

这是目前唯一一件足可以证明泗水国存在的证据。一个困扰了南京考古界多年的谜题终于被解开了。如果没有这块刻有"泗水王冢"的椁板被发现，千年的泗水古国可能成为永久的谜团。

那么大青墩墓的墓主人会是泗水国六代王中的哪一位呢？堂堂君王为何把"泗水王冢"刻在椁板的下面呢？

据《史记》《汉书》《资治通鉴》等文献记载，汉武帝元鼎四年（公元前113年）封常山宪王少子刘商为泗水王。公元9年，王莽篡位，泗水国最后一代国王刘靖被废为公，第二年废泗水国。从刘商到刘靖，相继传五代六王，历西汉的武帝、昭帝、宣帝、元帝、成帝、哀帝、平帝，共123年。

根据出土文物断代，专家认为，大青墩墓应该是西汉中晚期的古墓，根据六位王的在位时间，大青墩最有可能的主人是五世王和六世王。

五世王很暴戾，死后谥号是戾，所以称戾王。六世王被废，已不是真正的王。空空的墓室，垂直插入椁板的圆木，棺椁上面那层杂乱、粗糙的圆木，以及刻在椁板下面的"泗水王冢"。堂堂君王为何要如此隐蔽自己的王者身份呢？

泗水国五代六王图谱

出土的银质龟钮印章

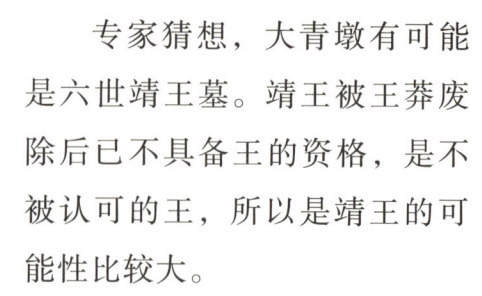

专家猜想，大青墩有可能是六世靖王墓。靖王被王莽废除后已不具备王的资格，是不被认可的王，所以是靖王的可能性比较大。

正当专家们沉浸在穿越千年历史的猜想之时，大青墩考古的收尾工作又取得重大发现，然而这个重大发现，竟然再一次将专家拖入迷雾之中。工作人员在清理筛查扰土时，发现了一枚银质龟钮印章，然而印章上的印文并非刘靖，而是刘绥。刘绥印章的出土，让专家们顿感迷茫，好多谜团也更加难以解释。从一世泗水王刘商到六世泗水王刘靖，刘绥不在其列。刘绥是何人？他的身世之谜还需要更多的考古论证，但无论怎样，陈墩和大青墩的考古发掘都充分证实了古泗水国的存在。

到此为止，江苏地区在西汉时分封的楚国、吴国、江都国、

古泗水国都城模拟示意图

泗水国和广陵国都有出土印证。

通过陈墩、大青墩古墓的考古发掘，古泗水国的面貌似乎逐渐丰富和清晰起来。号称天下第一弩机的错金银铜质弩机和若干兵器，充分反映了泗水国王所拥有仪仗兵和侍卫人员的武备情况。出土的古瑟、鼓车，还有杂技俑、戏俑和舞俑这些精美的文物，反映了西汉时的文化娱乐生活。出土的汉代木结构建筑模型，是迄今为止发现的唯一汉代建筑标本，为研究汉代建筑提供了极为宝贵的实物资料。

消失的文明:古国

专家发现的砂浆土

神秘的泗水兵团

穿越时空,似乎一个鲜活的泗水国跃动在眼前,但它给后人留下太多的谜团:它的王城在哪里?神秘的泗水兵团实力如何?

有专家认为,泗水王城及神秘兵团很有可能就分布在穿城附近。联系到穿城的古井,专家们认为是泗水国为了驻军抵御北方的楚国和南方的广陵国,而在这个地方修了众多的井。

穿城有驻军的设想,有一定的证据支持,但是泗水王城就在穿城附近的观点很难被广泛认可。有专家认为,按照古代城池建筑的风水理论,王城在北,古墓群在南,这不符合正常逻辑,理论上应该是王城在南,古墓群在北。按照这一思路,专家们苦苦探寻均毫无结果。

直到2016年6月，泗阳考古队在田间考察时，竟然意外发现一个疑似王城的汉代古城遗址。他们在田野里发现了很多砂浆土，这是汉代筑城墙打地基用的一种人工材料。泗阳自古以来水患比较多，正常地层上面都有一层淤泥。但是这层位置较高的砂浆土没有淤泥的痕迹，说明这个地方没有淹过。那么，当时的人用砂浆土建的高台是什么呢？专家推断是古城墙。

如果此处是泗水王城，那么王城里面的王宫应该是最高的，所以根据周边的地势来判断的话，这块田野应该是王宫所在地。

这个古城遗址位于泗水国墓葬群的最南端，专家们发现，从高空俯视时，古墓群、穿城和古城遗址正好处在一条直线上。而且，从《汉书·地理志》中可以查到这样的记载：泗水国故东海郡，武帝元鼎四年封为泗水国，县三：陵、泗阳、于，陵为首邑。书里所提到的泗水国首邑陵城是否就是考古队员们发

《汉书·地理志》的记载

消失的文明：古国

泥瓦

七国之乱模拟图

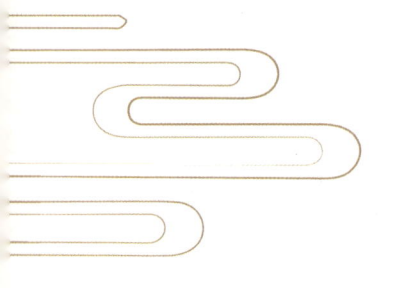

现的古城遗迹呢？

接着，专家们又发现了很多泥瓦，可以证实这个地方是一个大型建筑，要么是城楼的楼顶，要么是宫殿的屋顶。因此，确定这个地方是泗水王的王城是没有任何问题了。

泗水王城遗址的发现再度引发了专家学者对神秘泗水国的探究。

泗阳，泗水之阳，泗水入淮之地，沃野千里，水草丰美，交通便利。泗水河发源于山东省的泗水县陪尾山，在江苏泗阳地区流入淮河，丰饶的水土资源既是人们生活的良所，也是封建统治者治县立郡、封邦建国的首选条件。

泗阳这个地区在秦时已有建制，为何在汉初被边缘化，直到武帝时才再次建国，个中缘由应从七国之乱说起。西汉历史上爆发的最为著名的叛乱就是七国之乱，七国之乱的主

泗水国位置示意图

角就是离泗水很近的吴国与楚国。按照时间推算，泗水国是在七国之乱后被分封到吴楚之地，也是大汉朝廷非常信任的诸侯国。

汉景帝时期，刘姓的各个诸侯国越来越强大，威胁到中央政权，汉景帝听从晁错的进谏，颁布一系列削藩举措，于是以吴王和楚王为首发动了叛乱。七国之乱，明则为不满中央集权的削藩举措，暗里还藏着吴王刘濞的复仇动机。在汉景帝还是皇太子的时候，吴王刘濞的儿子入朝陪他下棋，但是对皇太子非常不敬。在下棋的过程中，两人因为争夺棋路起了争执，被激怒的太子提起棋盘，把吴国的世子给打死了。自此，吴王怀恨在心，借对汉景帝执政不满，联合楚国及其他5个诸侯国发动了叛乱。

在梁国和吴楚联军激战的时候，屯驻在梁国一带的周亚夫从后面抄了吴楚联军的粮道，用了不到3个月的时间，就把七国之乱平定了。

汉武帝吸取了前朝的教训，听取了主父偃的建议，颁布推恩令，将削藩的手段由明转暗，泗水国就是这个时候被分封，成为广陵国和楚国的邻国。

七国之乱给大汉朝廷带来了巨大的震动，汉武帝分封的泗水国是否真的具备制衡强国的实力呢？

勘测队的工作人员仔细测量了古城遗址。这个古城长约500米，宽约300米，建筑面积约0.15平方千米，作为一座王都的话，似乎规模并不大。一些专家提出了不同的意见，他们认为，泗水王城与穿城和正在勘测的古城遗址没有太大关系。理由是，从周至汉，凡是国都要有方圆九里（一里=500米，指大约面积20平方千米）。而且，作为泗水国的都城，在风水上应该十分讲究，不应该离王陵这么近。泗阳县城锅底湖一带，土质肥沃、水草丰美，更具王都之气。而穿城的穿字有挖墓的意思，很有可能是因为当年修筑泗水王陵的工人们生活在此而得名，并非有神秘的泗水兵团驻扎。

但是现场的专家们还是坚定地认为古城遗址就是泗水

王陵谜踪——泗水国

泗阳成子湖风光

国都城陵城的遗址。因为根据《汉书·地理志》的明确记载，泗水国户二万五千二十五，口十一万九千一百一十四，县三。这样看来，泗水国本就是一个非常小的王国，它的实际人口不到3万户，辖县也仅有3个。

西汉末年，汉朝廷共设83个郡，20个国。在这20个国中，泗水国不管是面积还是名户数都是最小的。汉武帝为何要派一个如此小的诸侯国立于吴楚之地？这让人有些费解。

169

泗水王的秘密

紧接着，专家们从《汉书》中查到了如下记载：武帝元鼎四年秋，立常山宪王子商为泗水王。这个常山宪王子商为何许人呢？汉武帝为何偏偏要分封他做泗水王呢？

据专家考究，泗水国的分封与西汉王室的内部矛盾有关。据《史记》《汉书》的记载，汉景帝曾分封自己宠爱的小儿子刘舜为常山王。常山王骄横无道，妻妾成群，四十而薨，其世子刘勃不顾重孝在身，胡作非为。对此，刘舜的长子极为不满，就把这些情况汇报给了御史。朝廷先后派张骞和廷尉前去调查，此时刚继承王位的刘勃非但没有收敛，竟还私藏证人，擅自释放疑犯，按律当斩。汉武帝念及亲情，将刘勃全家流放到了房陵。但此后不多时，汉武帝又心生恻隐，后悔自己处置过重，遂封刘舜另外两个儿子刘平为真定顷王、刘商为泗水王。

那么大青墩墓主人刘绶究竟是泗水国的第几代王？有专家提出，刘绶有可能是泗水国的四世王刘综。因为从字形上看，绶和综这两个字非常相似，很可能是《汉书》在流传过程中，抄录产生的错误。

参照考古发掘，纵观百年历史，泗水国并无伟业，它只是一个势力弱小、碌碌无为的诸侯小国。正如大青墩出土文物中，既无金缕玉衣，也无黄肠题凑，陪葬器物也以冥器居多，更没有我们期待的强大兵团，这都和泗水国的国力弱小有关。

有历史学家认为，泗水国并非是为了制衡诸侯国的势力，而是采用增法以瓦解大诸侯国。推恩令是汉武帝刘彻为削弱诸侯王势力而颁行的一项重要法令，它允许诸侯推私恩分封子弟为列侯，名义上是施德惠，实际上是分其国以削弱诸侯王的势力。这一建议既迎合了汉武帝巩固中央集权的需要，又避免激起诸侯王武装反抗的可能，因此立即为武帝所采纳。推恩令下达后，诸侯王的支庶多得以受封为列侯。按照汉制，侯国隶属于郡，地位与县相当。因此，王国分出侯国，等于王国缩小而朝廷扩大。如此一来，汉朝廷不行黜陟，而藩国自析，此后王国辖地仅有数县。所以，泗水国的建立，也可看为推恩令的一个实例。

然而，研究汉朝历史的专家认为，泗水国的弱小另有隐情，因为这里曾是项羽的家乡。

宿迁市是西楚霸王项羽的故里，这里流传着许多关于刘邦、项羽之间恩怨情仇的历史传说。宿迁市宿豫区大兴镇朱项庄，庄上人基本都是姓朱或姓项，他们自称是项羽的后代。

楚汉相争，九里山下十面埋伏，当年的一曲楚歌吹散了江东子弟的抵抗之心，项羽乌江自刎，刘邦从而夺得天下。为彰显大度宽容，刘邦表示，项氏宗族及旁枝皆不诛杀。然而有学者认为，项羽的父母、亲人皆为刘邦所杀，是刘邦指使了灌婴在此地大开杀戒。

刘邦夺得天下后，在自己老家徐州分封了强大的楚国，在楚国南面分封了势力雄厚的吴国，而把吴楚之间的宿迁地区——项羽故里边缘化了。即使到汉武帝时期的泗水国，

消失的文明：古国

宿迁市项羽雕塑

也仅辖3个县，而尽力规避了宿迁地区。所以，这是一个汉代朝廷有意回避、不愿碰触的地方。

短暂的王莽新政结束后，公元25年东汉建立。光武帝刘秀曾重建泗水国，9年后光武帝刘秀废除泗水国，将其纳入广陵郡。泗水国最终消失在了历史的尘烟中。

泗阳县周边的60多座古墓只打开了几座，还有很多的秘密埋藏其中。对于考古发现的重重疑云，我们只能做合理而又丰富的猜想。考古虽充满悬念，但真实的历史没有如果。当未来的某天，穿城脚下的大墓及其他的泗水王大墓被打开的时候，又会给我们一个怎样的答案呢？

汉武帝雕塑

知识链接：黄肠题凑

"黄肠题凑"是中国汉代宫廷勋贵所用的一种特殊葬制。"黄肠"即黄心柏木，"题凑"即在棺椁周围用木头垒起一圈的木结构。黄肠题凑是汉代最高等级的葬制。西汉以后，随着砖石墓和石室墓的兴起，大量耗费木材的"黄肠题凑"木结构的葬制逐渐退出了历史舞台。

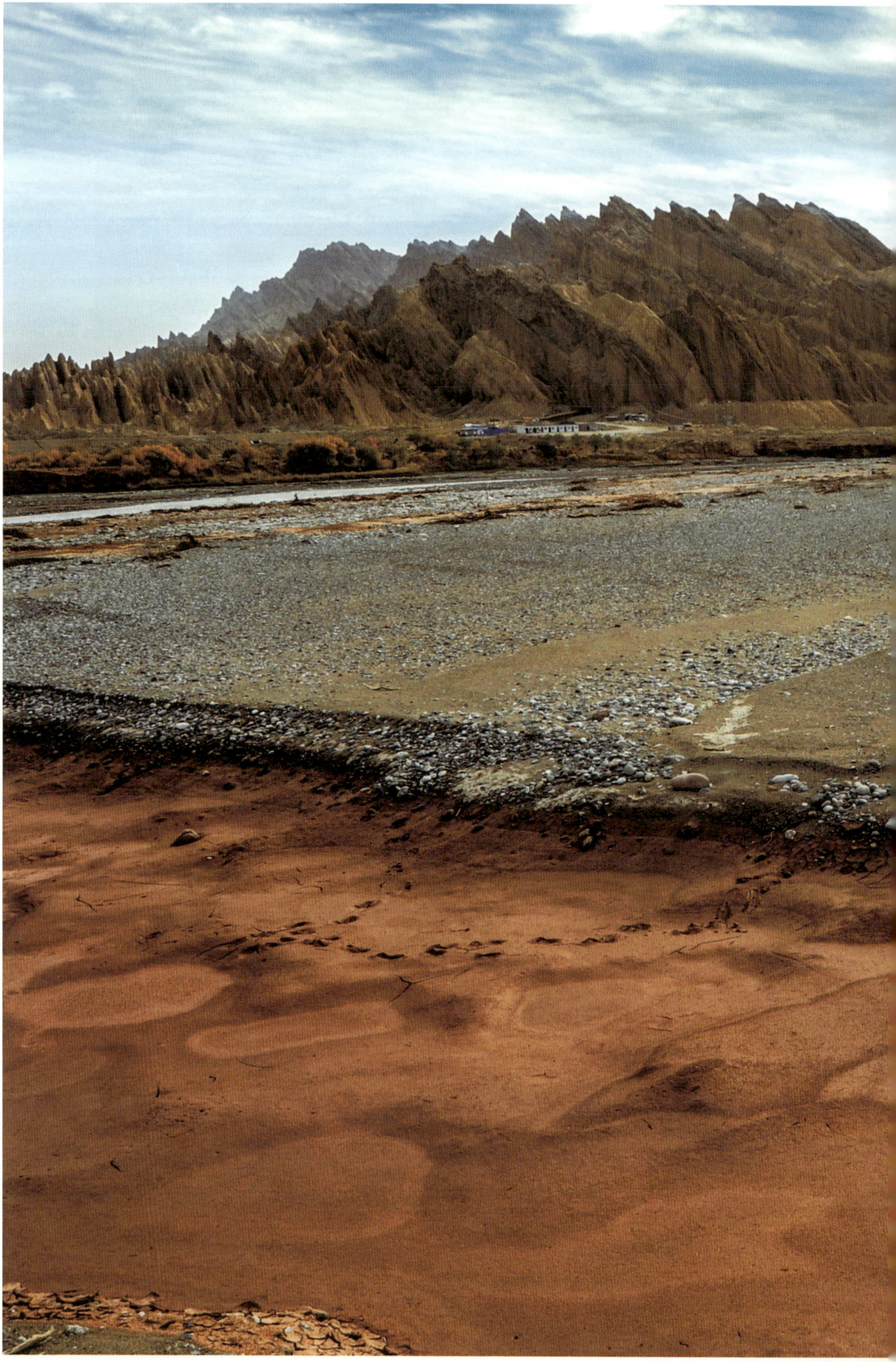

绿洲佛国
——龟兹国

自古以来，人们习惯用神秘来概括西域。龟兹，为西域大国。1500多年前，龟兹神秘地出现于绿洲之上，又神秘地消失于荒漠之中。是谁建立了这个名为龟兹的国家？曾经居住在这里的人们过着什么样的生活？它如何成为联系东方和西方的纽带？它的文明又呈现出怎样的特色？

我们将一步步揭开龟兹的面纱，探寻它的起源，领略它作为东西方交汇点的独特文明。

新疆阿克苏库车河谷

一本桦树皮书引发的探索

1889年,一位年轻的英国人悄悄来到了中国西部边缘的一座小城。表面上这位英国人来这里是为了狩猎娱乐,实际上他的真实身份是英国驻印度情报军官鲍尔。

一天,当鲍尔正在狩猎时,一位叫古兰·柯迪阿吉的当地居民带着一本残破的书籍找到了他,问他要不要这本书。这本书由桦树皮装订在一起,上面像蝌蚪一样的文字奇特而无法识别。鲍尔没见过这样的书,他们两个讲了一下价钱就成交了。

不久,这本书被鲍尔带到了印度的东方学院。一位博学的东方学家 A.F.R. 霍恩勒(Augustus Frederic Rudolf Hoernle)对此进行了解读,他认为这是一本用古印度婆罗米字母书写的梵文手稿,内容是关于医药和巫术的,成稿于5世纪。

一石激起千层浪,学术界沸腾了,古印度人习惯在桦树

探险家鲍尔入疆情景再现

绿洲佛国——龟兹国

皮上写书，但是桦树皮不易保存，尤其是在印度潮热的气候环境中。当时，还没有发现过5世纪以前的写本，一本梵文手稿，为何保存在中国新疆的库车地区呢？这是交流得到的物件，还是当地人的创造？

接下来，在库车及相关地区的发现，更加令人惊讶。大量的古代文稿被从黄沙底下翻拣出来。除了最常见的汉文典籍之外，还有梵文、佉卢文、于阗文、摩尼文、粟特文、回鹘文、吐蕃文、阿拉伯文等。这些文字有的还在使用，但大部分已经变成了死文字。每一种死亡的文字，都隐匿着一段消失的文明。而走进这个古代文字的丛林地带，则意味着坠入了不同文明所交汇的旋涡之中。

最终，语言学家为大多数文字找到了它们的归宿。研究结果表明，在丝绸之路上的这片区域，曾经汇聚了不同的人群，包括雅

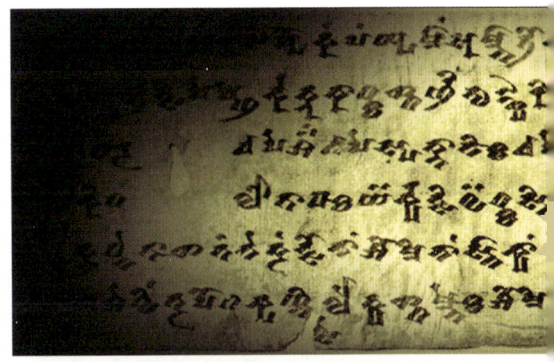

梵文手稿

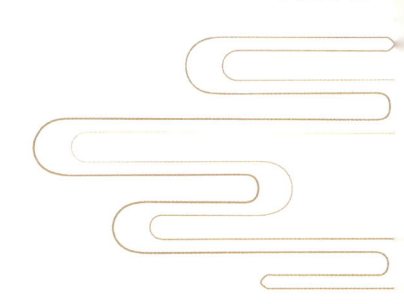

利安人、乌孙人、匈奴人、汉人、突厥人和回鹘人。

但是，这种由中亚斜体拼写的婆罗米字母始终无法破译，对应不上任何已知的语法规则，它们拼写的究竟是一种什么语言呢？

在所有的解读都失败后，学者们突然想到，既然已知的语言都能找到对应的族群，那么这最后剩下的语言，不正是古代库车地区居民的语言吗？

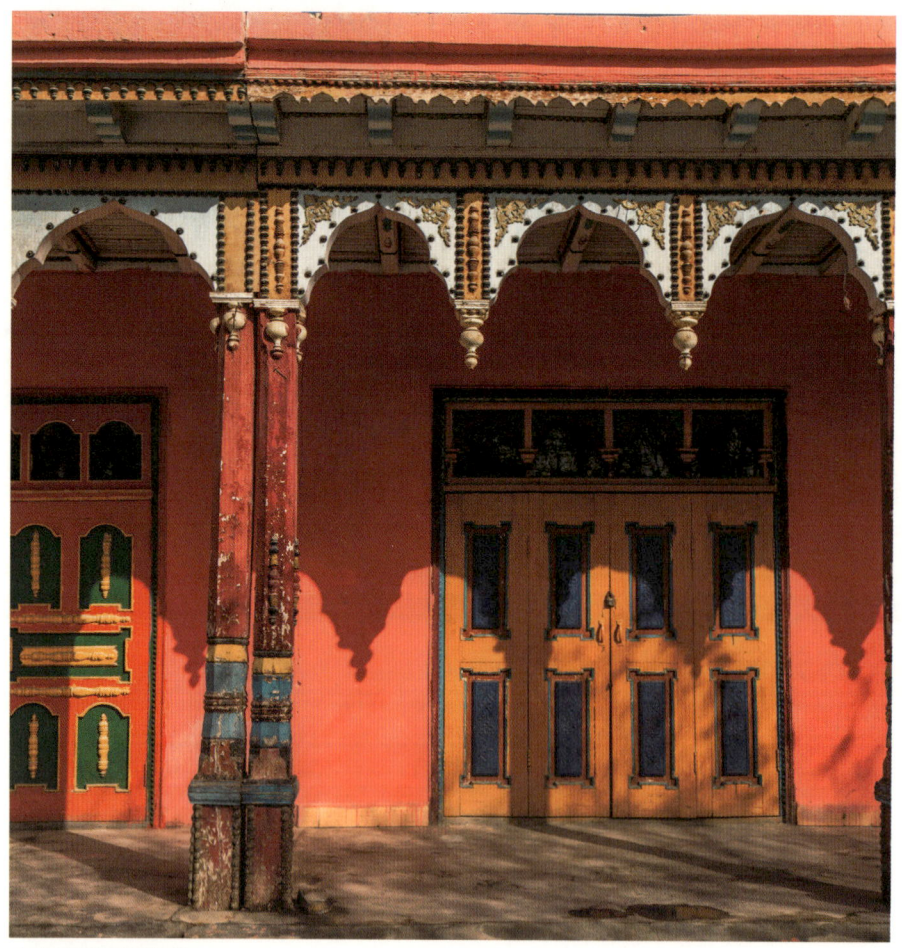

库车热斯坦路老街

绿洲佛国——龟兹国

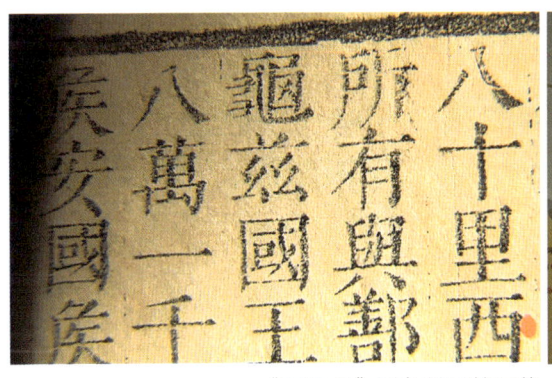

《前汉书》对龟兹国的记载

龟兹古国位置示意图

这种语言就是龟兹语,说这种语言的人称龟兹人。

据《前汉书》记载,当时的龟兹国有8万人。它北倚天山,南涉塔里木河,中间有木扎提河、渭干河和库车河,东边还有一条迪那河。在当时的西域三十六国中,可谓大国。自公元前2世纪到公元9世纪,龟兹古国存在了1000多年,也是西域诸国中国运长久的王朝。

唐代高僧玄奘,在西行取经途中曾经过龟兹国。他在《大唐西域记》中记载,龟兹"文字取则印度,粗有改变",这恰好和后来发现的龟兹语写本相吻合。但这个"粗有改变"后的龟兹语究竟是一种什么语言?龟兹人来自哪里?为何后来销声匿迹了呢?

不久后,库车地区出土了一本回鹘文书写的佛经《弥勒会见记》剧本,西方语言学家从中找到了一丝线索。

回鹘,是9世纪从漠北高原迁入新疆的一个民族。来到龟兹地区之后,他们改信了佛教。

回鹘人壁画　　　　　　　　　　玄奘取经图

　　专家们在这本残卷的序言中，读到了这样一段文字，大意是：这本回鹘文的《弥勒会见记》，是根据当地的"托和利"文翻译过来的。"托和利"是什么？语言学家们想到了中西方史书中都记载过的"吐火罗"，读音上的差别是音译时造成的不同。

　　所谓吐火罗人，是3000多年前生活在西至黑海沿线、东到中国新疆塔里木盆地两岸以至甘肃一带的部族。他们在中国的史书中多次出现，却又语焉不详。

　　一般认为，秦汉之际活动在中国甘肃河西走廊的月氏人就是吐火罗人。而到了唐代，玄奘西行到今阿富汗一带时，还路过一个叫"吐火罗斯坦"的国家。

　　由于吐火罗人活动的空间跨度大、存在的时间长，很难将他们和一个特定的民族对应，史学家们倾向于定义他们为吐火罗人集团。

　　1907年，德国语言学家缪勒（F.W.K.Muller）

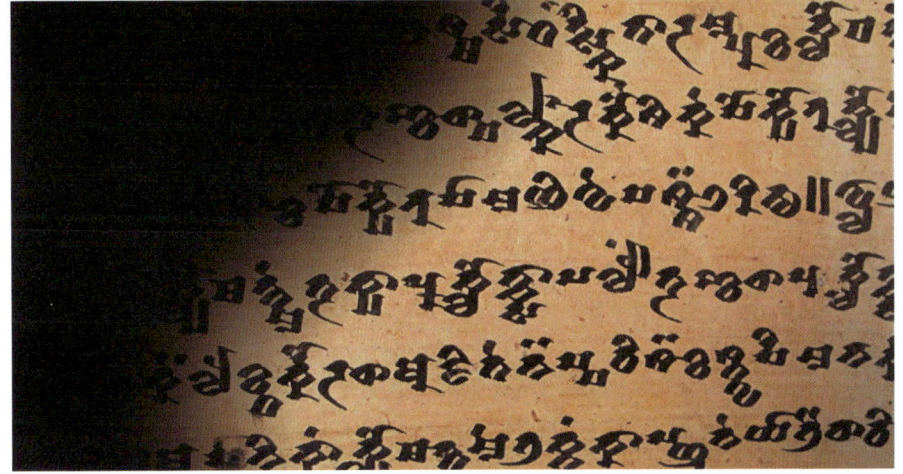

回鹘文《弥勒会见记》

将龟兹人本地的古老语言，命名为吐火罗语。

　　1974年，在新疆吐鲁番地区出土了一本吐火罗语书写的《弥勒会见记》剧本，这验证了回鹘文《弥勒会见记》序言中的说明。

　　那么吐火罗语又是一种什么语言？龟兹人和吐火罗人是什么关系呢？

像大象的石墩

在魏晋以及隋唐时代的典籍中,大致都有这样的描述:龟兹王城有三重,外城类似长安城布局的城中,有寺庙近千座,王宫壮丽,焕若神居。

在今日喧闹的库车巴札村,穿梭在维吾尔族民居迂回的巷道之中,到哪里去寻找焕若神居的王城呢?在民居院墙的一角,文物普查员有了新的发现。一些巨大的土堆被用成院墙的一部分,而显然院墙用不着夯筑这么大的高台。据当地居民介绍,这些高台,在他们祖辈儿时就存在。在《大唐西域记》里有记载,龟兹古城里有4个墩,这个墩在龟兹古城东南角,是最大的一个墩。"皮浪"是当地的维吾尔语的一个名称,翻译成汉语是"大象"的意思,好多人对这个名称不理解，说西域这块地方自古以来没有大象，为什么起了大象这么一个名字呢？这个墩的体量很大，东西长 30 多米，南北宽也有 25 米之多，高差不多 14~15 米高，如果在远处看，就像卧在这儿的一只大象一样，所以人们给它起了"皮浪"的名字。

经过考古发掘，这片遗址不仅从汉到唐是主要的都城，而且从远古时代起就是城邦和聚落的中心，一直没有被废弃过。如今壮丽的宫殿已繁华落尽，只剩下四处散落的台墩，夯筑在大地之上，唤起人们对历史的想象。

流淌的库车河

苏巴什古城遗址

佛教盛行的龟兹王城

这片废墟被称为"苏巴什遗址",从这里出土的年轻贵族女尸现正保存在龟兹博物馆里。苏巴什遗址是中国新疆境内现存的最大佛教遗址群。

玄奘曾在这里见过一座精美宏大的寺庙,名叫昭怙厘。在这里,玄奘受到了热情款待,并应龟兹国王的一再挽留,在此停留60多天,每天宣讲佛法。

绿洲佛国——龟兹国

对于昭怙厘寺庙的地理位置，玄奘曾记载："荒城北四十余里，接山阿，隔一河水，有二伽蓝，同名昭怙厘，而东西相称"。

伽蓝为寺庙的意思，也就是说昭怙厘大寺实际上有两座，中间隔着一条河。苏巴什佛寺遗址，会是传说中唐代的昭怙厘伽蓝吗？

苏巴什佛寺遗址位于库车县城北，雀离塔格山下的丘陵台地上，遗址一侧是宽阔平坦的库车河，隔岸相望对面影影绰绰，是一大片废墟遗迹。绕过河水，踏上库车河东岸的台地，这里同样残垣层叠、高墙兀立，一座佛塔保存尚好。

周边的高墙上，还有一排凹进的龛窟，原本应该塑有高大的佛像。专家们大都认为，苏巴什佛寺遗址就是唐代的昭怙厘大寺。

玄奘西去印度取经路过龟兹时，龟兹国王在昭怙厘大寺举行了隆重而盛大的欢迎仪式，而且极力挽留玄奘，请他宣讲佛法。这片高大的墙壁内，或许正是当年玄奘讲经说法的殿堂。

玄奘离开时，龟兹王以厚礼相赠，僧侣和百姓出动依依惜别。玄奘备受鼓舞，将这段经历详细记录在了《大唐西域记》中。

这一切都说明龟兹是一个以佛教为国教的政教合一的国家，而苏巴什是龟兹国的皇家寺院，是修行礼佛的圣殿。

185

消失的文明：古国

出土的舍利盒

舍利盒上的奏乐图

舍利盒上的乐舞图

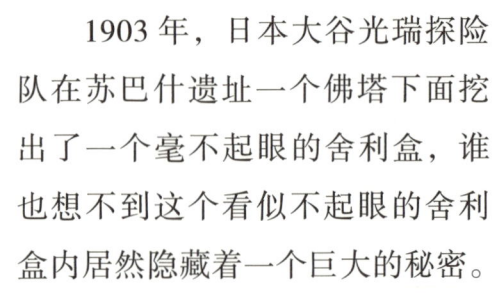

1903年，日本大谷光瑞探险队在苏巴什遗址一个佛塔下面挖出了一个毫不起眼的舍利盒，谁也想不到这个看似不起眼的舍利盒内居然隐藏着一个巨大的秘密。

1957年，有人突然发现这个舍利盒内有绘画的痕迹，剥去表面的颜料后居然露出了罕见的图画。盒盖绘有4个演奏乐器的童子，分别演奏筚篥、竖箜篌、琵琶和一件弹拨乐器。

最令人惊叹的是，盒身周围绘有形象生动的乐舞图。经日本学者熊谷宣夫研究，这只舍利盒是7世纪时所造，舍利盒上载歌载舞的场景是龟兹人在庆祝自己的盛大节日苏幕遮。

佛教诞生于公元前6世纪的古代印度，当它开始向世界各地传播时，似乎东方人与它更心有灵犀。

从地理位置上看佛教在向东传播的过程中，中亚和中国新疆是它的必经之地。丝绸之路不仅

绿洲佛国——龟兹国

是一条商业贸易之路，也是一条文明之路，龟兹就是这条文明之路上的精神驿站。

世俗的乐舞艺术被绘制在僧侣的骨灰盒上，这说明龟兹乐舞已经成为传播佛教和渲染极乐世界的工具。《旧唐书·中宗本纪》记载：神龙元年（705年）十一月，御洛城南门楼观泼寒胡。泼寒胡就是苏幕遮，武则天和他的儿子李显都爱看苏幕

壁画中的人物形象

壁画中的龟兹国王和王后

遮，后来苏幕遮又成为唐宋的词牌名，对中原传统文化产生了很大冲击。

约3世纪，当中原人对佛教教义还懵懂无知的时候，龟兹佛教已经进入鼎盛时期。

这些壁画中的人物形象被称作"供养人"，正是他们出资修造了洞窟。在库车克孜尔石窟，共有9处614个佛教洞窟，这些洞窟中的壁画形象，无声地向我们诉说着那个时代佛教在龟兹的兴盛。

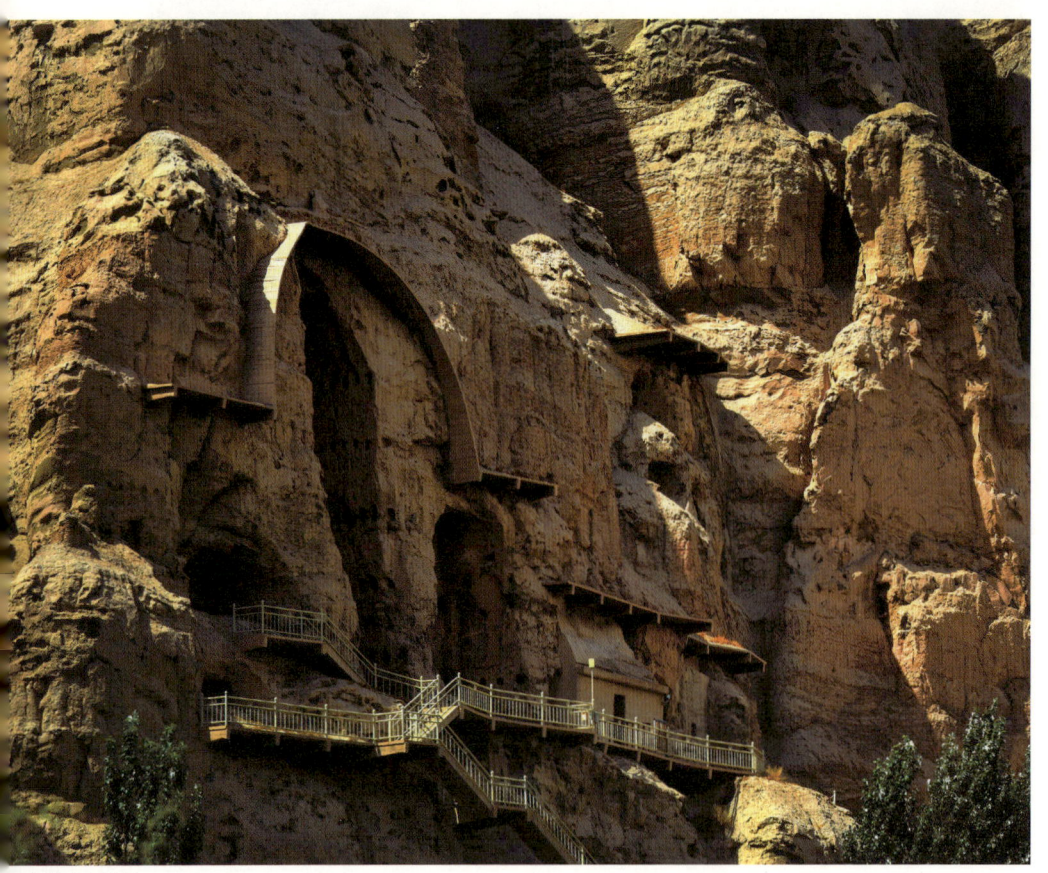

克孜尔石窟

克孜尔石窟里的壁画

鸠摩罗什塑像

龟兹国的珍宝——鸠摩罗什

无论昭怙厘的玉石是否被盗走，来自古国龟兹的另外一件珍宝，却永远不会遗失。他就是著名的佛教高僧、翻译家鸠摩罗什。

人们都知道，唐玄奘是著名的佛教翻译家。他西行印度取经的故事，妇孺皆知。但很少人知道在他之前，就已经有人完成了相同的事业，而且是一位来自西域龟兹的和尚。玄奘自东往西去，鸠摩罗什从西往东来。

公元68年，汉明帝在洛阳建白马寺供奉佛像佛经，这被认为是佛教传入中原的一个标志。但佛教什么时候传入西域，却一直是个未解的难题。

历史情景再现

　　佛教传入西域，主要有两条线路：一条是南线，翻越帕米尔到于阗再向东走；另一条是北线，先到疏勒，再到龟兹。从地理位置上看，佛教传入西域应该先于中原。中原的佛教是经过中亚和西域许多国家，一站一站传递过来的。

　　正因如此，当佛经拿到汉僧手上时，往往是经过了层层转译。同时，因佛经由不同的文字写成，当它再被翻译成汉文时，错讹和附会之处自然比比皆是。

　　西域各国的情况就好得多，一方面它们本身直接或间接借用了古代印度的文字或语言，另一方面两地在人种构成和社会风俗上也要相近得多。这时急需要一位能够对接古代印度、西域诸国和东方的

191

佛学大师了。

4世纪初,一位印度小国宰相的儿子鸠摩炎,毅然放弃了家族世袭官爵的位置,翻越葱岭(今帕米尔高原)来到了龟兹。龟兹国王白纯十分敬慕他,不仅聘他为国师,还把自己的妹妹耆婆嫁给他。耆婆贤淑聪慧,笃信佛教,婚后不久便有孕在身。史书上记载,这期间她常到雀梨大寺(今苏巴什佛寺遗址)请斋听法,并且精通了梵文。后来,她生下一个儿子,取名鸠摩罗什。

一天耆婆出城游览,见坟冢遍野、枯骨纵横,于是立誓出家。鸠摩罗什7岁时,也随母亲一起剃发出家。

古城风光

绿洲佛国——龟兹国

鸠摩罗什从小对佛经就有非凡的领悟力。9岁时随母亲到罽宾国（今阿富汗东北）求学，当时那里是佛教最繁盛的国家之一。

鸠摩罗什12岁学成回国，途中路过疏勒国，一件改变他佛教思想的事发生了。公元前1世纪中叶，大乘佛教兴起于西北印度，从此佛教有了大乘、小乘之分。小乘佛教注重个人修行，追求的是个人解脱。大乘佛教以成佛为目标，提出普度众生的观点。

佛教传入西域后，南线以于阗国为代表主要信仰大乘佛教，北线包括龟兹主要信仰小乘佛教。在此之前，鸠摩罗什完全接受的是小乘教派的熏陶。在疏勒他碰到了几位大乘学派的高僧，经过一段时间的学习后，他的思想开始在大乘、小乘之间徘徊。

鸠摩罗什回到龟兹之后，开始弘扬大乘学派。但当时小乘佛教已经在龟兹根深蒂固，要转变并不是一件容易的事。鸠摩罗什凭借着自

佛塔与信众

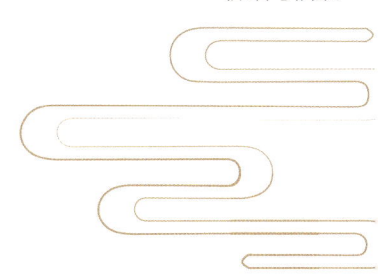

历史情景再现

己的雄辩之才，征服了龟兹的高僧们，并且得到了王室贵族的支持，最终使龟兹的信众们逐渐接受了大乘的教义。

后来人们分析了这场教派转变能顺利进行的原因：从社会生活来说，大乘佛教力图参与社会世俗生活，能够深入统治阶级和普通民众中；从鸠摩罗什个人来说，大乘正好符合了他不拘小节、自信开阔的性情。鸠摩罗什很快就名震龟兹，蜚声西域。

但年轻的鸠摩罗什，依然还有两个隐隐的困惑，这困惑来自别人对他的两个预言。当年他留学归来后，曾随母亲拜访过

绿洲佛国——龟兹国

一位大和尚，大和尚说如果他能到 40 岁仍不破戒，就能成就很大的功果。另外一个预言是他母亲说他的才华要到东方中原去，才能发扬光大。

西晋之后，中原进入东晋十六国的混战局面。前秦皇帝苻坚在一统中原、关中、河西的基础上，决心收复前朝在西域的政治主权。

383 年，苻坚命令大将军吕光率七万步兵、五千重装骑兵，从长安出发征讨龟兹。苻坚是佛教徒，对龟兹的鸠摩罗什早有耳闻，十分钦佩，一直想迎他来长安。所以，苻坚叮嘱吕光，攻克龟兹之后，一定火速把鸠摩罗什护送回来。

吕光的大军很快兵临龟兹城下。鸠摩罗什劝龟兹王白纯开城纳和，但白纯却负隅顽抗，结果龟兹军队大败。本应该成为座上宾的鸠摩罗什，现在却成了吕光的俘虏。鸠摩罗什去往东方成了一场迫不得已的行程。

吕光找到鸠摩罗什之后，并没有按苻坚的要求立刻将他送往长安。他觉得鸠摩罗什没那么重要，相反却被龟兹王

历史情景再现

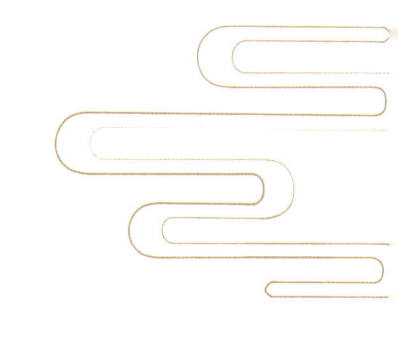

城的华丽所吸引，更为龟兹的另一件珍宝——葡萄酒而陶醉。

吕光是个酒徒，不是佛教徒。他看不惯鸠摩罗什的清规戒律，便强迫鸠摩罗什喝酒。他把鸠摩罗什灌醉了之后，又强行把龟兹王的一位公主嫁给了鸠摩罗什。吕光的戏弄，使鸠摩罗什成了一位破戒僧。

鸠摩罗什想起那位大和尚的预言，或许他与佛的因缘，就此了结了。

一年之后，吕光才带着鸠摩罗什准备返回长安。不巧，当他们走到凉州的时候，前秦苻坚在淝水之战中被东晋打败，前秦灭亡，苻坚被杀。吕光索性停止了脚步，割据凉州为王，在今天的甘肃武威建都，成立了后凉政权。鸠摩罗什变成了一个不用送达的"废物"了。不过吕光发现鸠摩罗什聪慧过人，于是就让他做巫师，帮他占卜吉凶，预测福祸。这种装神弄鬼的工作，鸠摩罗什一做就是17年。

17年中，鸠摩罗什虽已不再修佛传道，但却利用这段时间学习钻研了汉语，成为汉文化的饱学之士。加之他本身对梵文、龟兹文和佛教的精通，东西方文化开始在他脑海里融会贯通。

命运似乎还没有被谁的预言所击中。394年，一场为得到鸠摩罗什的战争又发生了。后秦的皇帝姚苌是一位佛教徒，为了争夺鸠摩罗什，他发兵攻打后凉政权，大获全胜，鸠摩罗什终于被送往长安。

401年，鸠摩罗什被送到了距离西安50千米的草堂寺。后秦君主姚苌以国师之礼对待鸠摩罗什，让他收弟子八百，率领僧众三千宣讲佛法，并开始了中国历史上规模空前的译经活动。

绿洲佛国——龟兹国

年过半百的鸠摩罗什开始释放能量，思想和才华喷薄而出。在他的率领下，一共翻译了约74部、392卷佛经，译出《大品般若经》《法华经》《维摩诘经》《阿弥陀经》《金刚经》和《中论》《百论》《十二门论》《大智度论》《成实论》等。鸠摩罗什的译经，不仅使中原凝滞纷乱的佛经有了准确统一的标准，而且把佛教中国化的思想贯穿其中，是佛教传入中国后的一个重要里程碑。即使是在汉语言的应用上，鸠摩罗什也开创了一些新的文风，甚至间接地影响到当时散文和诗歌的创作。

413年，鸠摩罗什70岁，圆寂于长安。据说他的尸体火化之后，唯独舌头没有烧焦。人们这才想起临终前他的一个预言：如果我传译的经典没有错误，身体火化后，唯舌不烂。

佛教对中国文化思想史的震荡是十分剧烈的。在佛教中国化的过程当中，鸠摩罗什为其注入了新鲜血液，最终使之成为我们传统的一部分。

草堂寺

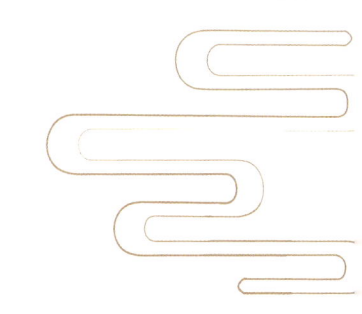

经书

龟兹归汉

公元前 200 年左右，龟兹已经是一个完整意义上的国家了。作为横跨欧亚和丝绸之路的重要枢纽，世界各地的文明在这里交汇，使得龟兹的文化丰富而多彩。但命运也常常把它放在十字路口，它必须依靠某个大国的势力而生，当这些大国的势力此消彼长时，龟兹就如同墙头风吹的野草。

汉朝没有统一西域之前，匈奴统治着整个西域。汉帝国西进的第一个措施就是在轮台、尉犁屯田，而与他们遥相对抗的第一个壁垒就是匈奴控制下的楼兰国。公元前 77 年，大将军霍光派谋士傅介子率 20 余人的敢死队长途奔袭，出现在楼兰国的王宫中，傅介子一刀斩下了楼兰王安归的头颅。这次斩首行动令楼兰朝野震惊，楼兰随即归附了汉朝。

这时，龟兹就裸露在汉军的视野当中了。匈奴人极其恐慌，他们唆使龟兹王室的贵族聚兵攻打在轮台屯田的汉军，并杀害了屯田的首领赖丹。汉朝将领常惠带领五万人，前去问罪龟兹人，为何要杀害赖丹。此时在位的龟兹王叫绛宾，面对大兵压境，他陷入了艰难的抉择。杀害赖丹是他父王在位时所为，而他本

绿洲佛国——龟兹国

人却一直倾慕汉朝，经过反复思量，绛宾最终打开了龟兹城门，迎接汉朝军队，并将杀害赖丹的凶手交给了常惠。

绛宾发现乌孙和汉族联婚后发展很快，所以他提出了和乌孙解忧公主爱女弟史联姻。他还曾经到中原待了一年，回来以后就学汉朝的文化、修城墙，连仪仗队也学汉朝人。绛宾的开明，加快了汉朝统一西域的步伐。

龟兹王绛宾不仅是龟兹王朝中第一位力主汉龟友好联姻的君主，而且是第一位欢迎西汉进入西域、为统一西域立下功勋的风云人物。

5年后，匈奴降汉，汉朝在龟兹东面的边防重镇乌垒设立了西域都护府，西域正式纳入汉朝版图，历代中央王朝也与龟兹结下患难与共的血肉关系，而龟兹也开始进入空前繁荣期。

历史情景再现

西域都护府的地理位置

新疆库车的建筑

  然而，由于龟兹特殊的地理位置，无论是秦汉之际的匈奴，还是隋唐时期的突厥、吐蕃，出于自身的发展，都渴望控制这里。而中原王朝，又常常因为朝代的更替和内乱，失去对西域的控制，使得龟兹像飘零的孤雁，不得不卷入历史的洪流中去。

  16年，西域都护李崇指挥士兵与彪悍的焉耆军队厮杀。这是一次复仇之战。3年前，焉耆国对汉军发动偷袭，杀害了第17任西域都护但钦。刚刚履职的李崇，身负重扬汉威的重任。除了汉军，他还召集了龟兹国、莎车国七千军士，以及羌族援军，浩浩荡荡，发兵焉耆。

令人意想不到的是，李崇苦心筹划的战役，却很快遭遇惨败。将军王骏遭伏，突围中被乱刀砍死。眼看士卒一批批战死，以至不足五百，李崇不得不引兵退守龟兹。

历史情景再现

玉奇喀特古城

　　1928年,考古学家黄文弼率领考察队,在一堆废墟中展开挖掘。

　　这里是新疆新和县玉奇喀特古城,属于古龟兹国的势力范围。如今,岁月早已剥蚀了古城的辉煌,城墙平塌、杂草丛生。

　　然而,就是在如此不起眼的荒地上,黄文弼迎来了一项重大的考古发现。他们发掘出一枚镌刻着"李崇之印"的铜质印章。"李崇之印"4个字用篆书镌刻。

　　玉奇喀特古城被称为"三重城",可以想见当时城郭里外三层的宏伟壮丽。专家推测,玉奇喀特古城可能就是西汉后期西域都护府府治所在地。可是,李

绿洲佛国——龟兹国

崇的印章为何会散落在玉奇喀特古城这片废墟中？

让我们把时光倒转到那个动荡的年代。李崇龟兹8年，孤军苦守，维系汉朝在西域的最后力量。最终，在数千焉耆军士的包围中，李崇与前来支援的羌族首领，以及幸存的兵士战死于安西都护府府治所。因此，"李崇之印"出现在这里，正好印证了专家的推测。

翻开史册可以发现，李崇是西汉政府管理西域各国的第十八任、也是最后一任西域都护。东汉名将班超平定西域后，西域都护府得以在龟兹重置。

"李崇之印"铜质印章

库车风光

中原文化的印记

进入魏晋南北朝后，群雄并起，各方势力割据，据说中原王朝的影响早已退出龟兹。可是，事实果真如此吗？

2007年7月，库车友谊路的地下商贸城开工建设，挖掘机施工作业时，意外挖到了一座古墓。

这是在新疆首次发现典型的中原式样的砖室墓。经过专家考证，古墓无论在型制、构造方式，还是砖的规格上，都与甘肃敦煌佛爷庙湾、青海大通上孙家寨等地发现的魏晋墓葬极其相似。

青砖墓里边有一些随葬品，如陶罐、铜钱等。专家根据墓的型制、砖的形状，以及里面颅骨的鉴定，确认它为两晋时期的墓葬。

绿洲佛国——龟兹国

随着考古工作的进行，更多的惊喜开始显露出来，墓葬越挖越多。第一次挖掘了11座墓，正当准备建博物馆挖地基的时候，又挖出了4座墓。

墓葬群的发现，以及大量文物的出土，从考古资料上证实了中原文化对西域的影响。它或许还能够说明：即使在纷乱的魏晋南北朝时期，仍然有一大批中原人定居在龟兹。进一步的发掘透露出更多信息：从墓葬封门和人骨摆放来看，这应该是个多层次的合葬墓。

打开墓道口之后一层层往下清理，出现了三四层的墓葬，等清理完后，出现了20多具骨架。这意味着这里极有可能是一个家族墓，家族几代人的骨骸合葬在了一起。墓葬群证明，在1000多年前的魏晋时期，中原人就已经世代居住在这里，将龟兹当作了自己的故乡。

中原式样的砖室墓出土

砖室墓内景

205

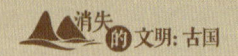

龟兹有绿洲、河流、草原，但更多的是如刃的高山、荒凉的戈壁沙漠。多少故事都埋藏在了这些沙土砾石之中，增添了这里的神秘色彩。

这一次开启神秘之门的是盗墓者。20世纪90年代，一天夜晚盗墓者潜入古墓进行挖掘，他们究竟挖走了多少东西无法估量，但当文管人员发现盗洞后，只在里面发现了一些铜钱和破碎的陶片。据后来统计，此次挖掘出土的铜钱有3000多枚，在新疆的考古史上是罕见的。这些铭刻着"大历""建中"年号的铜钱，意味着这是唐代末期铸造的钱币。然而，这种年号的钱币却从未出现在历史记载中。

更为奇怪的是，这些钱币是用红铜所铸，铸造工艺比较粗糙，远不及同时期出土的开元通宝和乾元重宝。难道这是当时古城首领私自铸造的货币？撇开朝廷统一规格，单独铸造钱币的情况极为罕见，这究竟意味着什么呢？

出土的铜钱

绿洲佛国——龟兹国

再次卷入战争的洪流

唐朝，一个前所未有的强盛时代，西域乃至咸海地区，都被纳入大唐的版图。龟兹再一次成为西域都护府的府治所在地，同时它也是唐王朝与吐蕃不断争夺的安西四镇的战略中心。

丝绸古道狼烟滚滚，西域都护府曾5次陷落或被迫迁出龟兹，特别是755年，"安史之乱"之后的第5次陷没。755年，身兼范阳、平卢、河东三地节度使的安禄山，在范阳起兵。短短35天，安禄山的军队就已攻占东都洛阳，长安岌岌可危。驿使开始在西域古道上来回穿行。河西、陇右、安西、北庭驻军大部回调、入关勤王。除了唐朝各地驻军，西域许多王国也纷纷派遣部队东去平叛。

龟兹王派他弟弟白孝德带着龟兹军，于阗王则亲自带兵入关勤王。然而，驻军内调大大削弱了唐军在西部的防御势力。吐蕃军队乘虚而入、举兵犯境，占领河西走廊。这无异于掐住了安西都护府的咽喉，龟兹同中原的交通被拦腰斩断。

疏勒河风光

历史情景再现

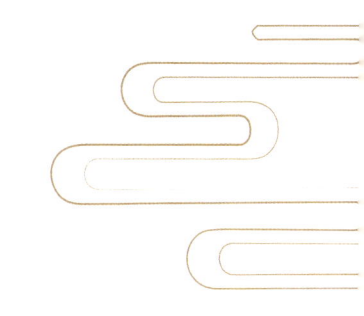

207

当时镇守龟兹地区的，是唐朝著名将领郭子仪的侄子郭昕。吐蕃大兵压境，与朝廷阻隔，留守安西的官兵成了名副其实的孤军。古城出土的"大历""建中"铜钱，很有可能就是这些孤军，在与中原王朝失去联系后私自铸造的。

学者们系统调查过古龟兹境内古迹遗存，通过实地踏查、考古挖掘、航拍、测绘，唐代遗迹的大致面貌逐渐清晰起来。学者发现，这些遗迹串联起来正是一个功能完备的防御体系。而发现铜钱的通古孜巴西古城，正处于整个防御体系中的核心位置。这和当地人对古城的称呼也不谋而合，巴西用突厥语来说是头、首府的意思。渭干河流域大量的屯戍堡垒，周长也就是200多米。但是通古孜巴西古城的周长将近是1000米。

1928年，考古学家黄文弼来到了通古孜巴西古城。他断定，这里是唐代龟兹地区重要的屯田基地。屯田，是历代中央政府经营西域的一项基本政策。军队战时作战、闲时耕作、

新疆塔里木河下游尉犁县罗布湖风光

屯戍结合，军粮供应才能得以保障。黄文弼之所以做出这样的判断，最重要的是因为他在通古孜巴西古城中，挖掘出几份重要的文书。有一件文书中，记载了一个叫李明达的人，因为没有粮食吃，在大历十五年（780年）四月十二日，向蔡明义借了青麦一石七升（约84.8千克）、小米一石六升（约84千克）。另一件文书则记录了名叫白苏毕梨的人前来领取屯米。白苏毕梨，很明显不是汉族人的名字。因此，黄文弼推断：龟兹与中原隔绝后，安西都护府屯田戍卒开始起用本地人。

龟兹军的屯田数量，文献记载说有20屯，但学者们考古调查后发现，远远不止20屯。

2005年12月，新疆维吾尔自治区考古研究所和新河县文物管理局等地的专家，考察完通古孜巴西古城后，继续向南进入沙漠区域。他们原本只是考察烽燧遗址，然而大家都没有想到居然有了个意外惊喜。在一个湖泊旁，他们发现了一处葡萄园遗址。干枯的葡萄藤，根系仍然死死地扎在沙地里。考察组经过对周边陶片的测定，推测这里是一处唐代的葡萄园遗址。

然而，屯田只是整个龟兹防御体系中的一个环节。通过长期的考古调查，研究人员发现龟兹守军不止在军粮上实现了自给，在战马、兵器、钱币等物资上，他们一样能够设法解决。

位于库车东南约80千米的唐王城遗址，处于塔里木河北岸的草湖地区。这里应该集中饲养过大量的马匹。天山当时被西突厥的部落突骑施控制，高昌地区的军马短时间内支援龟兹比较困难。那么草湖地区，就一定要存放一定数量的军队。因有塔克拉玛干沙漠的阻挡，吐蕃也对它无法造成威胁，因此这

塔里木河

里很适合屯兵马。

然而，由于吐蕃的阻隔，使得他们与唐朝的关系几乎完全断绝。在发掘的文书中，出现了"大历十五年"的记载。而唐朝的年号"大历"只到十四年便停止了。连年号变更如此重大的信息，都难以传达，可见郭昕他们与长安的隔绝之深。

终于，781年的一天，长安城里出现了安西使者的身影。这一次，郭昕派遣的使者从北面回鹘控制的地区，迂回绕道抵达了京城。从郭昕于765年赴安西担任"四镇节度使留后"算起，他已经率领将士在安西苦守了16年。

安西使节的到来，引起整个朝廷的轰动。久久未有音讯的安西守军始终忠心耿耿，苦守飞地，对于纷乱动荡的朝廷来说是一个莫大的安慰。于是，唐德宗派遣使者，同样绕道回鹘，到龟兹颁诏嘉奖苦守安西的将士。四镇节度留后郭昕升迁为安西大都护、四镇节度观察使。

然而，此时大唐王朝所能给予郭昕他们的也只有精神上的慰藉和鼓舞。东西道路的断绝，以及唐王朝自身的岌岌可危，使得朝廷几乎不能再对龟兹的孤军做任何的支援。郭昕和守军们仍然面对着孤立无援的局面。

史籍中，对于安西的最后一次记载，是贞元六年（790年）。这一年，吐蕃大举向北庭地区发起进攻，回鹘率军驰援，结果大败而归。北庭陷落，节度使杨袭古被杀，安西与中央联络的唯一通道被截断。从此，"安西阻绝，莫知存否"。而郭昕和守军们究竟何去何从，文献上没有记载，最大的可能是跟当地人融合了。

从出使西域的张骞，到战死沙场的李崇；从平定西域的班超，到苦守飞地的郭昕，他们将生命抛洒在这片广袤的土地上，也将一种开拓和坚韧的精神铸入一个民族的灵魂之中。

这里，对他们来说，早已不是遥远的边关，而是一个永久的故乡。

新疆库车唐王朝遗址

消失的文明: 古国

绿洲佛国——龟兹国

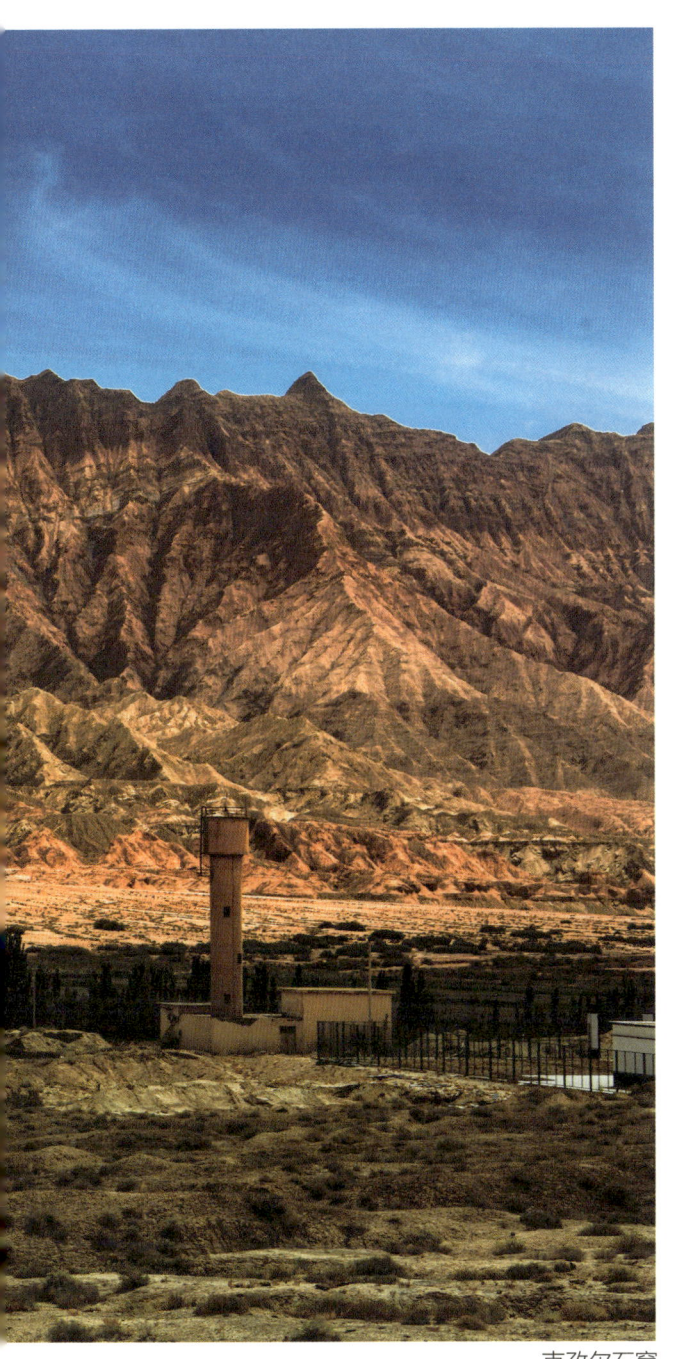

龟兹国耀煌的艺术遗产

抛却利益之争的烦忧，身处塔里木河流域的龟兹绿洲，由于幸运地受到世界四大文明最丰厚的滋润，宛如一片适于生长各种植物的肥沃土壤，独在一隅，宁静滋长。世界风吹来的各色种子，在这片富有鲜明特色的土壤中撒播，萌发出色彩缤纷的艳丽花朵。

其中一朵，便是和龟兹佛教密不可分的佛窟艺术。

这是龟兹地区的克孜尔石窟。克孜尔，维吾尔语为"红色"的意思，这得名于与它隔河相望的雀勒塔格山。在太阳的照耀下，这

克孜尔石窟

213

托提卡国王和司瓦雅普拉芭王后

里山体通红，陡峭的崖壁上密密麻麻地开凿着蜂房般的洞窟，绵延数里。公元3世纪，开凿洞窟的铿锵之声便开始在这里响起，比敦煌莫高窟早了将近一个世纪。

当时，佛教小乘教派的僧侣来到克孜尔凿挖洞窟，一边在洞内完臻精神世界，一边用永无倦悔的苦修感动世人。慕名而来的人群不仅有平民黎庶，也有龟兹国的王公贵族。

在205号窟有几个特殊的供养人形象。这些人衣着华丽、腰挎长剑，最令人不解的是，他们的脑后都画着圆形的头光。在中原地区，佛教规定只有佛和菩萨才有头光。

在另一个洞窟里，存放了一本龟兹文文书，有一张是给石窟寺施舍钱财的账单，上面写有6个龟兹国王的名字，其中一位国王妻子的名字正好与205号窟供养人像上题写的龟兹文相吻合，显然这是龟兹国王出资修造的洞窟，他的名字叫托提卡，他的王后叫司瓦雅普拉芭。在新疆地区，根据佛经记载，转轮王和高僧都可以有头光，所以龟兹王和王后也有头光。

繁荣的龟兹佛教文化是建筑在繁荣的龟兹经济基础上的。有了龟兹国王和贵族们的施舍，挖凿洞窟成为一时的时尚。

克孜尔的壁画大致分为佛教故事画、叙事画、人物画、山水画以及飞天画等。环视这些精美的画面，一个疑问升上心头，是谁画了这些壁画呢？

在一个破旧不堪、充满了潮气的洞窟中，人们又注意到几个特殊的人物形象。这些人物戴着埃及样式的黑色假发，左手拿着一个小调色盘，右手拿着一支中原式样的长杆毛笔。显然，这是一位正在描绘壁画的画家。

在212号窟的壁画上，一行字迹潦草的题记被破译出来，它的大致意思："来自叙利亚的画家摩尼跋陀创作了这些画。"

叙利亚在遥远的西亚，叙利亚人为何不远万里来到龟兹呢？

精美的壁画

描绘壁画的画家

德国探险家勒柯克

也许一千多年前,这两个地方就已建立了联系?

现在,在新疆还可以看到很多叙利亚的缂毛。专家将叙利亚与新疆出土的缂毛进行了对比,发现两者有许多相似之处。

学者们根据212号窟的壁画风格,推测出壁画创作的时间应该是6—7世纪。这个时期,萨珊王朝的波斯军队正大举入侵叙利亚,这位叙利亚画家也许正是因为这个原因,沿着丝绸之路来到龟兹避难。最终,在克孜尔石窟谋得一份画工的职务,从此便安定下来。

然而,克孜尔的洞窟壁画,却未躲过历史的劫难。1912年,辛亥革命后的新疆一片动荡。为了前往库车,德国探险家勒柯克(Albert von Le Coq)不惜签下生死状,他的目的地是克孜尔石窟。

当勒柯克迫不及待地爬进洞窟时，展现在眼前的一切令他震惊不已。壁画上人物的样貌、服饰、艺术风格，都让勒科克感到熟悉："我们看到的人像，酷似欧洲骑士时代的绘画：在晃动的灯光下。君侯们姿态潇洒地用脚尖站在那里，身穿华丽的武士装；金属制的骑士腰带上，挂着长长的直宝剑，剑柄为十字形。我们好像来到了一座哥特式的墓室。"

在日记中，勒柯克兴奋地说："看来，中国在古希腊、古罗马时期就已经和欧洲发生了关系。"

在克孜尔石窟中，希腊神话中太阳神、月亮神的形象可以从天相图中的日天、月天看出端倪。希腊神话和印度神话交织而成的形象人面鸟身的金翅鸟也出现其中。

勒柯克在库车定做了80个大木箱子，肆无忌惮地将墙上的壁画用工具刮下来，分割成块，装入木箱，运回德国。这

精美的壁画

精美的壁画

些壁画，堪称克孜尔石窟中最精华的部分，后来入藏柏林民俗学博物馆。仅从克孜尔一座石窟，他们就窃取了近500平方米壁画，这都是我们的艺术精华。

尽管战乱、宗教纷争以及自然的侵蚀消耗着这些洞窟的生命，塑像被砸毁，壁画被挖空甚至成片窃取，许多洞窟甬道坍塌，壁画逐渐霉变、脱落。留存至今的部分壁画，还是继续给中外文明进步和研究提供着艺术的滋养。

1961年，中国把故宫、敦煌莫高窟、克孜尔石窟等列为第一批国家重点文物保护单位。现在，每年有两万多游客来到这里参观游览。

在克孜尔石窟38号窟，站在集龟兹乐舞艺术之大成的巨幅壁画《天宫伎乐图》面前，所有人都仿佛进入了一个魅力无穷的艺术洞天。

这个洞窟曾被人们称为完美的音乐殿堂。在窟拱形顶下沿部位绘有一个个用墙栏相隔的楼台，每个楼台中绘有两个半身的乐舞伎成为一组，东西壁各7组共28躯乐舞伎。每组乐舞伎中有的一乐一舞，有的全为乐伎，有的全为舞伎。乐伎手中所执的乐器有五弦、阮咸、凤首笙模、排箫、手鼓、答腊鼓等。在龟兹壁画中，能辨认出的乐器就有28种之多，它们散布在伎乐天和各种佛传因缘故事当中。

克孜尔石窟壁画

克孜尔石窟壁画上的乐舞伎

这种音乐和舞蹈的结合方式,生动地再现了龟兹国当时乐舞的繁盛。

568年的一天,一队阵势浩大的和亲队伍行走在西域前往长安的路途中。新娘是西域突厥木杆可汗之女阿史那公主,她将要远嫁北周武帝宇文邕。木杆可汗为酷爱乐舞的公主组织了一支300人的庞大西域歌舞团。龟兹琵琶高手苏祗婆就在随行的人群中。

苏祗婆出生于龟兹古国,父亲是西域著名的音乐家,他从小随父亲学艺,因善弹琵琶而名噪乡里。突厥王对苏祗婆极为赏识,因此他被选为和亲队伍中的音乐使者。在长安的宫廷中,苏祗婆安然度过了13年。以他为首的龟兹乐队不仅在宫廷演出,而且走上街头表演,一时间西域乐舞倾倒长安,声振朝野。

581年,北周灭亡,隋朝建立。苏祗婆从宫廷流落民间,以卖艺为生,酒肆歌坊成为他活动的主要场所。

在隋朝建立的第3年,发生了一起影响苏祗婆未来生涯的重大事件"开皇乐议"。

584年,隋文帝命令宫廷乐师改制音律。然而,在长达七年的时间里,奉皇命的音乐家们因被旧的音乐理论束缚,并没有拿出合适的音乐改制方案,这使隋文帝极为不满。一天,奉命改制音乐的音乐家郑译独自徘徊在街市上,正在思索他所做的音律里迟迟未能解决的高音问题,忽然被一阵琴声所吸引。他来到了一家酒店,只见西域乐师苏祗婆正在演奏琵琶,娴熟的旋律完美地从

琵琶中流淌出来。

郑译发现这跟中原的音乐不一样，音乐在七声之中有三声怪音。然而，就是这三声怪音解决了郑译音律中的高音问题。郑译在苏祇婆的指导下，很快制定出了新的音乐理论。郑译很用心，在苏祇婆所教音乐的基础上又发明了八十四调。

郑译的音乐改革方案得到了隋文帝的赞许，以龟兹音乐理论为首的新的音乐体系从此确定下来，并且影响了整个中华民族的音乐发

克孜尔石窟壁画上的乐舞伎

展。苏祗婆也因此成为载入中国史册的著名少数民族音乐大师。

人类的发展史证明，那些隔绝自我、排斥交流的东西终将会化为乌有，而沟通和融合才会更长久地进入历史的长河。

今天，龟兹这两个字虽然成为了历史，但它传播的信仰和文明已经变成我们传统和文化的一部分，和那些人类永恒的精神财富一样，在我们的身躯上留下不朽的印记。

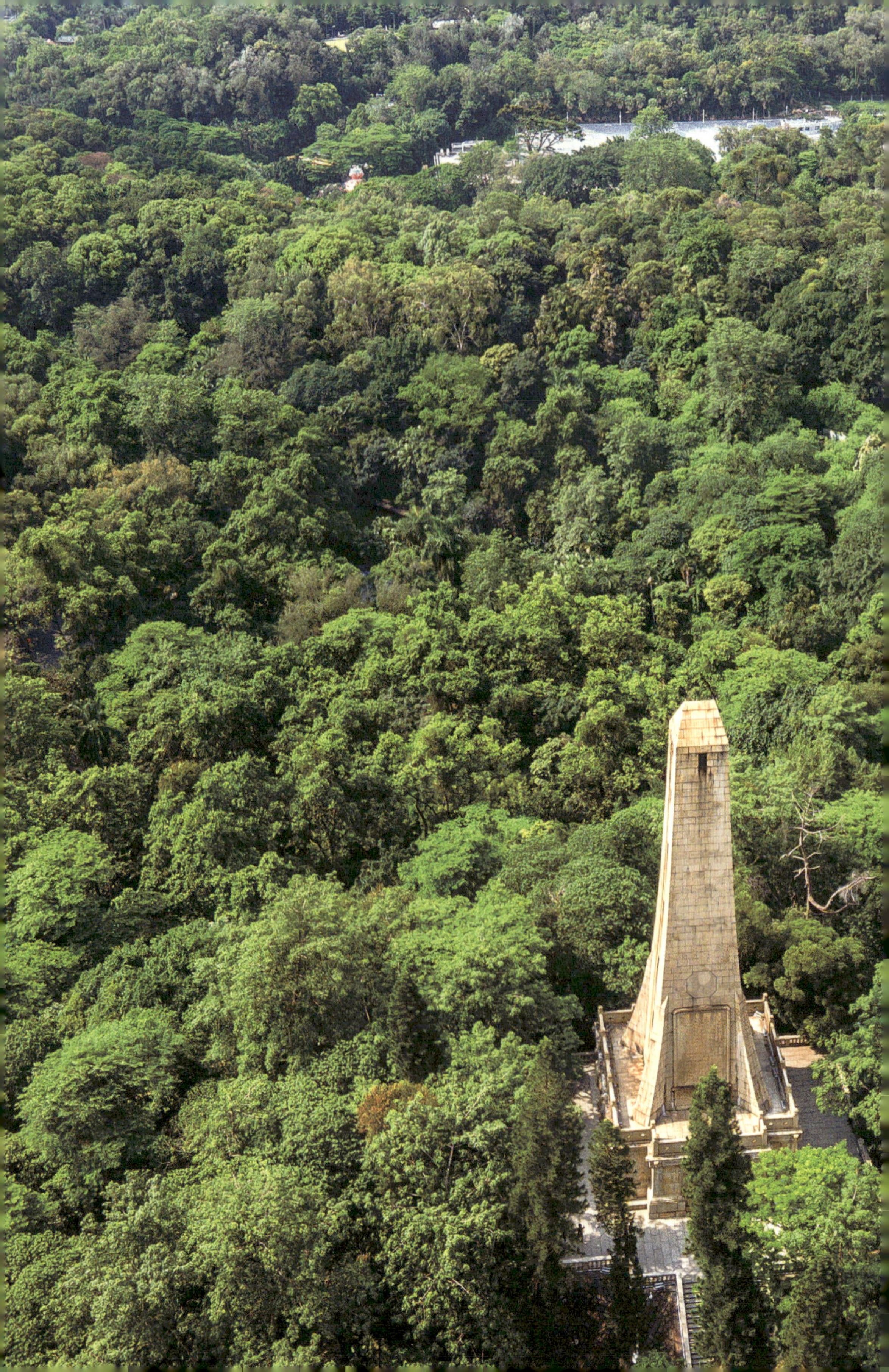

深山里的王国
——南越国

　　三国时期的东吴大地，一支几千人的军队，不远数百千米到达岭南番禺，他们夜以继日地在这里搜寻一座传说中的帝王宝藏。这个宝藏的主人曾是雄霸岭南的南越王，他有着传奇的一生，见证了汉王朝几代帝王的更迭。他活了100多岁，长寿秘方至今都是个谜。传说他的坟墓里埋藏了大量极尽奢华的陈设和珍奇异宝，两千多年来一直有人在寻找这些宝藏，却始终没有找到。

　　他所在的王国就是秦末至西汉时期位于中国岭南地区的南越国，从开国者赵佗至亡国者赵建德，历经5代君主，93年历史。

广州越秀山俯瞰图

挖掘现场

象岗山突现南越古墓

1983年6月8日,在广州象岗山施工了3年的推土机突然安静下来。因为政府基建部门要盖宿舍大楼,这座海拔50多米的石山,已被削去了三分之一。当施工人员平整这块地皮时,出现了一个不可思议的现象。一位工人的锄头挖到了一块硬物,低头一看,铁锄下竟是巨大而又整齐的大石板,石板向周围延伸,一块块连成一片。工人们沿着石缝往下挖,下面漆黑一片,似乎是一座巨型的地下建筑。

工人们议论纷纷,有人怀疑下面可能是地主老财藏宝的地方,也有人怀疑下面是日本侵华期间的秘密军火库。基建工作的负责人走过来,俯身往洞里一看,发现有一些影影绰绰的东西,顿时大吃一惊,他猜测这是一座古墓。

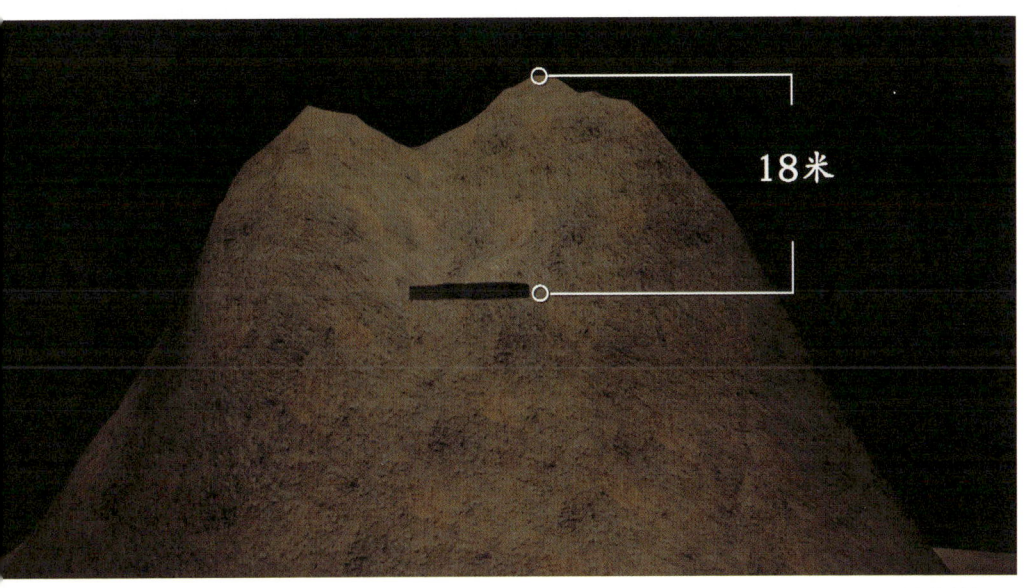

墓葬模拟图

　　于是立刻叫停了施工，迅速将此事报告给当地的文管部门。

　　当地文管会的工作人员收到消息后，第一时间赶到施工现场。在考古界，常根据生土与熟土的不同分布来断定是否是墓葬。生土是自然形成的原生土壤，颜色均匀、结构细密；熟土是经过人类翻动的土，颜色不均、质地疏松。考古人员依据这个标准推测这就是一座古墓。

　　按照墓葬的发掘规程，发现古墓的第一要务是确认墓葬的范围。

　　这些石板由红砂岩砌成，一共有20多块，面积近百平方米，石板藏在象岗山腹之中，距山顶有18米，位置极其隐蔽。以前在广州从未发现过如此规模的墓葬。考古人员推测，这座墓葬的主人一定是位高权重的人物。

消失的文明：古国

石室墓演示图

　　广州古称番禺，曾是三朝十主的古都。西汉时期，赵佗在此称帝建立了南越国，南越国共存在93年，历经5代君主。明朝末年京师顺天府失陷后，明朝宗室曾在此建立政权，然而好景不长，只维系了18年。无论是明朝还是汉朝，能在岭南这块边陲之地修筑如此巨大而考究的石墓，一定是显赫的人物。他到底是谁？

　　汉代的墓葬多为木椁墓或砖石墓结构，直到明朝才有石室墓。而广州的明代墓葬十之八九是用岩石砌成，所以考古人员认定，这极有可能是一座明墓。

　　然而，考古人员透过石板缝隙，黑洞里

一件似曾相识的器物让他们疑惑起来：那是一件汉代的铜鼎。难道这不是一座明墓而是一座汉代墓葬？但在此之前，广州还没有发现过汉代石室墓。依据建造墓葬的时间，晚建的墓葬有可能埋藏早期的器物，所以即使明朝墓葬里发现汉代铜鼎也属正常。

汉代铜鼎位置模拟图

如此重大的发现让3位考古队员不敢轻举妄动，这时他们打电话通知了一位广东著名的考古学家，他曾参与过700多座墓葬的发掘工作，考古经验十分丰富。考古专家迅速赶到现场，他掏出手电照向黑洞，发现里面有一堆凌乱的器物，其中一个大号的铜鼎和几件陶器格外显眼，他很快辨识出这些都是西汉早期的器物，有可能是南越国时期的。

如果这真是一座西汉的墓葬，那当时谁会有资格修建如此规模的墓葬？此时，考古人员脑海里似乎都指向了同一个人，这就是将广东乃至岭南地区带入先进文明后消失了两千多年的南越王赵佗。

南越王墓遗址

秦军模拟图

公元前221年，秦始皇统一六国，建立了中国历史上第一个中央集权制的国家。当时的秦帝国版图上，只有被匈奴占据的北方和被称为蛮夷之地的岭南尚未征服，北胡南越的存在给一心统一中国的秦始皇带来极大威胁。

公元前219年，秦始皇决定出师岭南。任命太尉屠睢为主帅，年仅21岁的青年赵佗任副帅。在装备精良的秦军面前，岭南土著节节败退，濒临瓦解。

然而，秦军将领屠睢推行秦王朝的暴政，对越人采取歧视和高压的政策。屠睢杀死西瓯族首领，引起南越人的愤怒反击。一次偷袭中，屠睢遇刺身亡，秦平南越计划受到重创。

秦军又派任嚣出任主帅，赵佗为副帅。在赵佗的建议下，任嚣吸取了屠睢的教训，对当地的越民采取安抚措施，这次他们兵不血刃便取得胜利，最终顺利将岭南地区纳入秦帝国的版图中。

公元前214年，秦军平定南越后，按照秦朝的郡县制设立了三郡，分别为南海郡、象郡、桂林郡，任嚣被委任为南海郡尉，总管三郡。

公元前209年，秦二世的暴政催发了陈胜、吴广为首的农民起义，四处群雄也乘机起兵造反。公元前206年，大秦王朝宣告灭亡。

面对中原混战局面，任嚣划地自守，临死前任嚣任命赵佗为南海郡尉。秦朝覆灭后，南海郡尉赵佗派兵封锁了所有通往中原的通道。

公元前204年，赵佗在此建立南越国，实行有利于岭南发展的和辑百越的民族政策，并引进了先进的中原文化和生产技术，使南越国国力逐渐强盛。

这位南越王朝的缔造者，搜寻了许多奇珍异宝，死后又带入陵墓。赵佗深恐将来陵墓会被人盗掘甚至抛尸荒野，于是将自己的后事安排得非常缜密，将坟墓深藏于广州附近的山腹之中。

20世纪50年代，根据形势需要，广州市成立了文物管理委员会，下设考古组。考古组长年跋涉在广州市郊的青山绿水之间，苦苦寻找南越王赵佗的墓葬，但都毫无结果。

秦设郡示意图

广州陈家祠广场赵佗雕塑

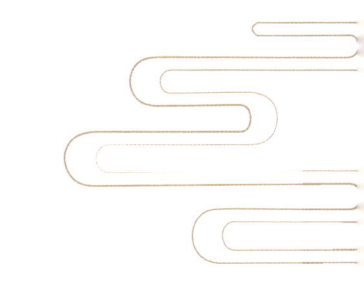

南越王赵佗雕塑

南越王赵佗的传奇人生

佗城镇位于广东省龙川县境最南端，距离广州200多千米，为龙川秦代古县城的一个乡镇。全镇居民拥有179个姓氏，其中仅有2000多人的佗城村竟然存在140个姓氏，可以说是"中华姓氏第一村"。一直以来人们都不知道，如此多的姓氏从何而来？直到赵佗的历史被解密，人们才揭开这个千年谜团。

战国至秦汉时期，中国东南沿海及岭南一带聚集着支族众多的越人，被统称为百越。居住在岭南地区的越人，因地处南楚之南，被称为南越。秦始皇平定百越之后，随即开始了对岭南的全面经营，在岭南设置了南海郡、象郡、桂林郡三郡，并任命任嚣为第一任南海郡郡尉，赵佗任南海郡龙川县的县令。

身为地方的最高长官，推动当地发展成为赵佗的首要任务。赵佗到任龙川后发现这块土地是典型的蛮瘴之地，当地土著部落聚居，文明程度低下，很多部族甚至还保留了活人祭天的仪式。

相传在一个活人祭天的仪式上，赵佗救下一个准备用来祭天的荔女。但赵佗的行为引来当地人的不满，南越人首领俞勉用蛇毒暗器射伤了赵佗。俞勉的女儿担心父亲的冲动之举可能会惹来杀身之祸，于是赶紧献上了蛇毒解药。

秦军将领们怀疑越人居心不良，赵佗却不顾众人劝阻毅然服下解药，成功解了蛇毒。此举不仅化解了双方的敌意，也增加了彼此间的信任。

但岭南越人的生活习惯、社会风俗与中原汉人大不相同，如果汉人歧视越人的习俗，容易挫伤越人的感情。于是，赵佗带头尊重和顺从越人的风俗习惯，并公开宣称自己是蛮夷大氏老。赵佗的宽容大度、体察民情逐渐为他赢得了民心。

秦平南越之后，秦始皇就下达了开发岭南的任务，然而面对这次开疆拓土的战斗，战士们却丧失了斗志。身为龙川县首任县令的赵佗费尽心机上书秦始皇，说自己的10万士兵征战千里，衣服破烂却无人缝补，希望中原能派遣妇女3万。秦始皇意识到这是一个问题，便很快答应了赵佗，不过只派了1.5万名年轻的中原女子远嫁岭南，其他士兵们则跟当地的越人通婚。

不同民族通婚是和睦民族关系、增进民族间友好感情的重要渠道。赵佗从自身做起，带头与越人通婚。

今天我们在龙川县看到的100多个姓氏就是汉越融合最好的实证。赵佗平定岭南后，做了6年的龙川县令，在此期间他深得民心，为当地部族所拥戴。那么偏安一隅的小小县令，又是如何成为南越国国王的呢？

公元前209年，陈胜、吴广揭竿起义，引发天下大乱。南海郡郡尉任嚣病重垂危，临死前任命赵佗为南海郡尉。秦朝覆灭后，已身为南海郡尉的赵佗派兵封锁了所有通往中原的通道，准备采取保境安民的政策，让南越国免遭战乱。

公元前202年，赵佗在岭南建立了南越国，并自封为南越武王。为了巩固政权和促进民族融合，赵佗采取了灵活的和辑百越政策，让越人参加政权管理，鼓励汉越通婚，因地制宜地实行越人自治，为南越的发展奠定了基础。

然而随着中原局势的稳定，南越的处境却岌岌可危。陈胜、吴广起义失败后，中原楚汉相争，最终刘邦战胜了项羽，建立了西汉。此时的汉帝国版图上，只剩下北方的匈奴和南方的南越还未征服，南越国自然成为汉王朝的心腹大患之一。

刘邦首先率军攻打匈奴，汉军兵败，刘邦侥幸逃脱。

深山里的王国——南越国

此时的刘邦才意识到汉朝当前最重要的事是休养生息。于是，刘邦顺水推舟，承认赵佗南越称王，并派陆贾出使南越颁布自己的诏命。陆贾是著名学者荀况的学生，他才华横溢，一表人才，善交际，是刘邦心中的优秀外交使节。

陆贾到达南越国，在城外等了几天后，才等到赵佗的接见。考虑到西汉国势强大，权衡利弊后赵佗决心归汉。自此，南越国正式成为西汉的诸侯国，双方在经济、文化等方面的联系大大加强，贸易互有所补、各获其利，岭南迎来空前的发展。

广州陈家祠广场雕塑《统一归汉》

235

但是到了吕后执政时，她听信了一些近臣谗言，决定对南越国实行经济封锁。史料记载：吕后五年（公元前183年）春，颁布了所谓的"别异蛮夷""隔绝器物"的政令，彻底断绝了与南越金铁、田器、牛马羊畜的交易往来。

得知吕后改变对南越政策，赵佗先后派遣南越国的3位官员前往汉都长安求见吕后，但吕后无理地扣留了3位官员。

这年春天，赵佗再次称帝，紧紧守住五岭的天然屏障，致使汉越两军形成僵持对峙局面，直到第二年吕后逝世。汉军见难以获胜，开始罢兵休战。

公元前180年，汉文帝刘恒即位不久便颁诏大赦天下，并再次派陆贾带着诏书出使南越。在诏书中汉文帝承认吕后的过错，希望能与赵佗"分弃前恶，终今以来，通使如故"。

汉文帝刘恒圣谕中的一句"南越之变过在朝廷"让赵佗感慨不已，他再次以大局为重，以安国安民为本，不计前嫌，与汉恢复了以前的关系，从此南越国对汉称臣，行诸侯之责。

赵佗统治南越67年，使岭南在经济、政治上实现了跨越式的发展，实现了多元文化的融合。这位南越王朝的缔造者活了103岁，据传他死后将大批的奇珍异宝埋入墓中，并采用极其隐蔽的方式下葬，致使几千年来的众多盗墓贼都遍寻不到。

古墓探秘

这座深埋象岗山上腹之中的墓葬，位置如此隐蔽，不得不让考古队员猜测，它极有可能就是南越王赵佗的墓葬。兴奋不已的考古人员争相观察这座墓葬，一位细心的考古队员透过石头缝看到一道墓室门，但这道墓门的状况又让他心灰意冷：这个墓有两道石门，第一道石门已经倒了，很可能这个墓被盗过。

古代墓葬一般十墓九空，汉代距今已经有两千多年，墓葬被盗的可能性最大。并且根据文献记载，赵佗死后几百年就开始有人盯上了他的墓。

三国时期吴国开国皇帝孙权是中国著名的盗墓皇帝，被誉为古代帝王盗墓第一人，他亲自坐镇在东吴全境掀起了一场声势浩大的盗墓运动，几乎所有的大墓巨冢都被他挖掘一空。

南越王赵佗去世 300 多年后，孙权耳闻他的墓里陪葬了很

南越王墓

多奇珍异宝，于是就派将军吕瑜带上几千名士兵，千里迢迢跋山涉水来到广州，他们打着官方旗号明火执仗，四处寻找南越王墓。

广州是中国盗墓非常厉害的地区之一，此前发现的很多汉代比较大的墓葬几乎都被盗过。木椁墓被盗概率较小，因为木椁材质是木头，深埋地下后木头腐朽会导致整个墓塌陷，这样里面就没有空间，所以不易被盗。而砖石墓大部分被盗过。

象岗山墓葬是典型的石室墓，它是否已经被孙权盗过了？考古队员们忧心忡忡。在场的考古专家认为即使被盗，也有可能留下一些陪葬器物，或许有些器物对于确定墓主人的身份有所帮助。

深夜，工人们都已离开，静静的象岗山工地只有考古专家和几个考古队员，一场夜探古墓的行动即将开始。墓顶上是一块块巨大的石板，想要搬开石板是不可能的，只能从石板缝隙进入古墓。但这道缝隙只有30厘米左右，想要钻进去并不容易。这时候考古队里一名瘦小的队员站了出来，自告奋勇要进入墓葬。

厚厚的石板，将墓室上下的历史隔开了两千多年。石板下的墓室阴沉黑暗，谁也不知道阴森森的墓室中到底藏着什么秘密？

考古队找来竹竿、绳索、手电筒等用具，把绳子捆绑在考古队员的腰上，将竹竿慢慢抵到墓室的底部。考古队员进去后，看到脚下散落着青铜器和陶器，在顶部的石壁上有很多卷云纹，它们色彩艳丽，就像刚画上去的。

随后，他拿着手电筒通过过道进入东耳室，发现地面上整齐地摆放着编钟和编磬，其数量有 20 多组。这是广州历史上

出土的编钟

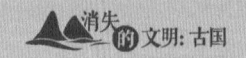

首次发现编钟，这些器物也证明了墓主人的身份显赫。

在中国古代，编钟是上层社会专用的乐器，是等级和权力的象征，编钟、编磬的发现证明此墓的主人必定是一个王侯级的人物。

除了编钟、编磬，还有一批铜器：大铜提桶、铜方、铜壶等，还有另外一套编钟，都完好地摆在那里。

考古队员又走进西耳室，在这里他看见两具殉人和一些陶具。此时，他已经可以确认这座大墓没有被盗。

南越王赵佗素以老谋深算著称，在世时就对自己百年之后的身后事早有打算。他让自己的心腹重臣丞相吕嘉挑选了一批得力的人马，在南越国都城郊外的广袤地带秘密开凿几十处疑冢，在其中选择一个地方作为自己的埋葬之地。

史书记载，南越王赵佗死的时候，整个番禺城4个城门连续几天出殡，真正装着赵佗遗体的棺材究竟哪天出城、从哪个城门出去，根本无人知晓。

赵佗陵墓的反盗手段可谓极具迷惑性，也相当成功，它成功地迷惑了历朝盗墓贼，甚至把盗墓皇帝孙权也带入了迷宫。

象岗山古墓埋藏如此隐蔽，它是否就是两千多年来，被无数盗墓贼苦苦寻找的南越王赵佗的墓葬？因为没有实物的证据，墓主人的身份只能推测。

考古队员从墓室出来的时候，小心翼翼地从东耳室

深山里的王国——南越国

南越王墓出土玉璧

南越王墓出土陶罐

取了一个铜编钟，从西耳室的过道口取了一个陶罐盖子，又从前室拿了一件大玉璧。陶器可以用以断代，玉璧则是典型的王者陪葬品，就凭这几件东西，考古专家断定这是西汉时期的一个王墓。

西汉时期的广州只有南越王，历史记载南越王共存5世：第一代南越武帝赵佗，第二代文帝赵胡，第三代赵婴齐，第四代赵兴，第五代赵建德。象岗古墓的主人是哪一个？是否就是人们期待的南越王赵佗？

241

消失的文明：古国

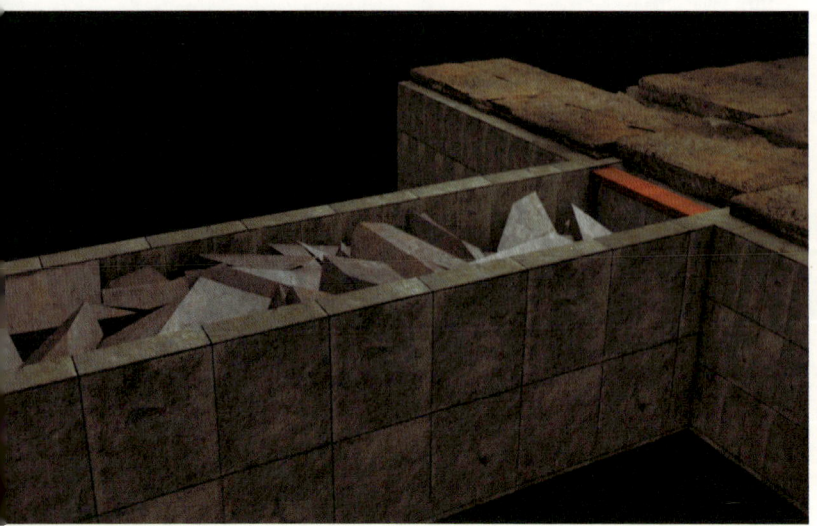

墓葬内石块模拟图

考古打开了一条回到南越王国的时光隧道，而墓葬的发掘便是认识南越国最便捷的途径。这座从未被挖掘过的古墓，是研究南越国历史的重要依据。

1983年8月25日，经国家文物局批准，由广州市文管会、广东省博物馆、中国社会科学院考古研究所等3方组成的考古队，来到象岗山工地，发掘正式开始。

按照发掘程序，首先要将整个墓道发掘出来。这是一个长方形的斜坡墓道，长10.46米、宽2.5米，考古人员清理墓道时，发现里面填埋了很多大小不等的石块，这些形状不规则的石块主要起防盗作用。

由此，考古人员终于明白，第一道墓门是因为被墓道的石头挤压而塌，并不是被盗墓者破坏所致。

挖掘现场

考古人员将石头清理完，在距离墓室门口4米左右的地方开始转为平底的竖坑中，考古人员发现了棺椁及两个殉葬人的灰痕。这种于墓室之外就藏棺椁殉人的汉墓，在广州乃至岭南属首次发现。

椁内下层排列了17件大陶瓮，其中3件陶瓮让考古人员异常兴奋。这3件陶瓮上刻着"长乐宫器"的4字戳印，说明南越国也有长乐宫，且墓主人身份也更明确。

长乐宫是汉高祖刘邦在长安建的第一个宫殿，刘邦在此接见群臣和诸侯。赵佗自立为南越武王之后，仿照刘邦在长安所建的长乐宫和未央宫，营造了自己的公署，那些印有"万岁未央""长乐宫器"字样的陶器，表明南越国宫室百官同制京师，一切都在仿效汉朝。

史籍记载

　　象岗古墓"长乐宫器"戳印的出土，昭示着墓主人的王室身份，但究竟是哪一代王，一时还无法得出定论。

　　史料记载赵佗活了103岁，因为他活得太久，以至于他的儿子都死了，王位由其孙赵胡继承。赵胡是第二代南越国王，史称"南越文帝"。

　　广州市文物管理委员会的考古专家曾著文讲述过20世纪初的一次考古发掘。1916年5月，广东台山人黄葵石在广州市东山龟岗买下一块地建住宅。在挖地基时，不经意间发现了一座大型西汉木椁墓，此墓中出土了铜器、陶器和玉器等许多随葬品，木椁板上刻有甫一、甫二、甫五、甫十、甫廿等文字。根据文字可断定为西汉初年墓，正是南越王国存在的时间。

此事立即轰动了广州乃至当时的整个中国考古界,许多学者认为这是南越国第二代国王赵胡的墓葬。著名学者王国维当时也参与了考证,但因为没有出土证明墓主身份的物证,猜测一直无法得到证实。

公元前122年,赵胡病逝,其子赵婴齐继位。第三代南越王赵婴齐是个暴君,恣意杀人不讲仁政,仅在位10余年后病逝。

1983年5月,象岗山发现古墓前1个月,考古队在广州西村的凤凰岗发掘出一座南越国贵族大墓。这座古墓已遭严重盗扰,墓室被洗劫一空,但细心的考古人员却在墓室中部发现了一个盗洞。在盗洞中竟发现了20余件精美玉器,有璧、璜、舞人、龙形佩饰、虎形佩饰、剑格等,这批玉器制作极为细腻考究,应是南越国王室工匠的杰作。后来有专家考证,西村凤凰岗木椁墓,很可能就是第三代南越王赵婴齐的陵墓。

综上所述,1916年在广州东山龟岗发现疑似第二代南越王赵胡的墓葬,1983年5月在广州凤凰岗发现疑似第三代南越王赵婴齐的墓葬,而第四代和第五代南越王在位仅1年,根本没有时间建造自己的墓葬。现场的考古专家推测,象岗古墓的主人最有可能是南越王赵佗。

南越王墓出土的鎏金铜壶

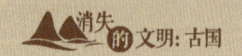

墓口石门

　　要想揭开墓葬主人的神秘面纱，关键证据就在主棺室。当考古人员清理完前室以及东、西耳室，试图进入主棺室时，却怎么也打不开那扇紧闭的石门。石门的铜环生锈了，门斗的铁质转轴也已经锈死，根本转不动。石门打不开，考古人员看着近在咫尺的主棺室却无法进入。

　　考古人员很清楚这是一座王侯级别的墓葬，主棺室里一定存放了很多珍贵的文物，它们就在这道石门里面。如果强行打掉石门必然会破坏文物，考古队员们一时无所适从，不知道下一步该如何下手。

　　再次勘察现场后，他们发现门槛下方是泥土的，没有铺砖，便在门槛底下挖了一个孔，选了一名身材瘦小的考古人员躺在地上慢慢顺着孔钻了进去。顺着

深山里的王国——南越国

墓室机关

挖开的地洞，考古人员进入石门里。当他观察这道石门时，发现了一个奇特而巧妙的机关。

为防止墓葬被盗，墓门精心设置了防盗机关，考古学家称之为顶门器。这是一个非常巧妙的设计。顶门器由5块石头组成，两侧的2块是固定的，中间3块可以活动。当门关闭时，石头翘起，将石门顶住，外面的人便无法进入。

由于经历几千年侵蚀积压，即使解除这个防盗机关，石门依然无法打开。有人建议将墓室上面的顶盖板揭开，而这样做会冒很大的风险，因为如果一旦顶板碎裂将砸坏里面的文物。

考古人员思虑再三，请来了广州市园林局施工队的师傅们，他们在保证墓门完好无损的前提下，打开了这扇通往主棺室的墓门。

出土的大量玉片

金缕玉衣

蚕缕玉衣的主人是谁？

　　石门打开之后，考古队员们如愿以偿地进入了墓主人沉睡了两千多年的地下寝宫。历经千年的侵蚀，墓主人的棺椁已经腐朽，留下一堆凌乱不堪的东西。考古人员在观察地面遗骸时，发现了一件与众不同的玉片，呈方形，长4厘米，宽3厘米，质地圆润，仔细观察还能在玉片的边角看到四个小孔。

　　这些带孔的玉片有何作用？考古队员随即在地面上又发现了更多这样的玉片。眼前的景象让考古专家脑海中闪现了一件器物——金缕玉衣。

　　随葬玉衣是最高等级的葬礼，没有朝廷的许可即使地位很高的官员也无法享用这个特权。据史料记载，汉代天子和诸侯死后，都要穿上用玉片连缀而成的殓服。既然象岗古墓的主人

深山里的王国——南越国

以玉衣殓葬，其身份不言自明：除了南越王，谁会有这样的尊贵？

汉代的玉衣分为金缕、银缕和铜缕3种，分别用金、银、铜线连缀，用于区分主人不同的身份等级。

南越国虽然是一个地处偏远的地方王国，礼制却完全仿照中原汉室。然而，象岗山的古墓玉衣却是一个例外：它不像汉朝玉衣中常用的金银线连缀，而是用蚕丝缕制作玉衣。墓主人会是南越王赵佗吗？他为何会采用丝缕玉衣下葬呢？

考古人员在随后的发掘中发现，墓主头部放置精巧的金钩玉饰物，在玉衣的面罩上，还放有透雕龙纹玉璧、透雕龙凤纹重环玉佩，棺椁内还放置了许多精美的玉器。当考古人员清理这些玉器时，又一个重大的发现吸引了现场所有的考古人员，这是确定墓主身份的直接证据。考古人员在墓主身上发现了一枚玉质印章，上面刻有"赵眜"二字。但是《史记》里面根本没有这个人，赵眜是谁？

蚕缕玉衣

赵眜玉质印章

249

消失的文明：古国

"文帝行玺"金印

　　恰在此时，一位考古队员发现一枚金色印章，或许它能揭开墓主人的真实身份。考古专家将金印拿起轻轻掀开：这枚陪葬金印纽座是一条盘龙，龙头伸向一角盘曲成S形，金印重145.5克，上写"文帝行玺"。它的出土证实了墓主人就是第二代南越王赵胡，他是第一代南越王赵佗的孙子，史称文王。同时赵胡的出现，也推翻了1916年广州东山龟岗发现赵胡墓葬的推断，那么赵胡为什么又叫赵眜呢？

　　根据《史记》记载，南越王文帝向汉朝上书时，自称臣为"赵胡"。专家推测，赵胡是他对汉称臣的名字，但他在南越国是皇帝，叫赵眜。

　　至此，象岗山古墓的主人终于水落石出，这座墓葬并不是众人猜测的南越国第一代王赵佗，而是第二代王赵眜。赵眜在位一共16年，长期患病，性情软弱，正是他的软弱性格，致使南越国开始走向衰败。

公元前137年，赵佗去世时已103岁高龄，他的儿子都已不在人世，他的王位只好交给孙子继承。赵眜即位两年后，臣属于南越的闽越王邹郢借机向南越国发动战争，攻打南越国的边境城镇。赵眜刚继承王位不久，国内民心还不稳，他只好向汉武帝上书说明闽越侵犯南越的事实，并请求汉武帝处理此事。

汉武帝对赵眜的做法大加赞扬，称其忠于臣属之职，不兴兵互相攻击，并派遣王恢、韩安国两位将军前去讨伐闽越。然而汉朝的军队还没有越过南岭，闽越王的弟弟余善就发动叛变，杀死了闽越王邹郢，并主动归降汉朝。

于是，汉朝军队停止了讨伐的行动，汉武帝随后派遣中大夫严助前往南越国，将处理闽越的事告谕赵眜。赵眜得知后，向严助表达了对汉武帝的深刻谢意，愿去汉朝的京城朝见汉武帝。

南越国的大臣们用赵佗的遗训向赵眜进谏，劝赵眜不要去汉朝的京城，以免被汉武帝找借口扣留，回不了南越国就有亡国的危险。于是，赵眜借口处理后事，派太子赵婴齐跟随严助回汉朝的朝廷当宿卫。

赵眜在以后统治南越的12年中，一直以生病为借口没有朝见汉武帝，为日后南越国内部之乱埋下了伏笔。

绯闻、阴谋与南越国的陨落

公元前 122 年，病重的赵眜，自知将不久于人世，遂派人到长安禀告汉武帝，赵婴齐被允许回到了南越。同年赵眜病死，赵婴齐继王位。

南越国第三代领导人南越明王赵婴齐，也就是赵佗的曾孙，在长安当宿卫时娶了一个姓樛的女子，生有一子叫赵兴。后来赵婴齐去世，赵兴继位，成为南越国第 4 代领导人，樛氏就成了南越国的太后。

公元前 113 年，汉武帝派安国少季出使南越。安国少季一出现，就在南越国掀起了轩然大波。原来樛氏嫁给赵婴齐之前，曾与安国少季有过一段恋情。安国少季来南越国后，中年丧夫的樛太后，一遇见安国少季很快旧情复燃。

后宫秘事被传出，害怕事态严重的樛太后想出一条计策：她劝说儿子归附大汉，以此避免越人的攻击。而这样一来，却引起南越国的实际掌权者、三朝元老——丞相吕嘉的极大不满。

情急之下，樛太后安排了一场鸿门宴，宴请汉朝使者和吕嘉，她想借刀杀人，借汉使之力除掉吕嘉。宴席中双方剑拔弩张，一触即发。而汉使安国少季却始终无法下定决心，他迟迟不敢动手。

吕嘉见此不妙，借机离开。樛太后情急之下，自己抄起长矛刺向吕嘉。而此时生性胆小懦弱的南越国王赵兴害怕遭到吕嘉报复，竟然拉住了他的母亲。

深山里的王国——南越国

逃脱虎口的吕嘉立即号召全国为国除奸，他率领人马冲进王宫将樛太后、国王赵兴、太后的情人安国少季以及所有汉朝使者全部杀死，并拥立了第五代南越王赵建德。

汉武帝震怒，一面下令厚葬樛太后母子，一面派出五路大军直扑南越。只用了1年多就擒杀了吕嘉，还顺便把南越一带的其他势力全部收服。

赵佗一世英名，建立了一度雄霸中国南方的南越国，而他的子孙却将南越国灭亡在一个绯闻的阴谋之中。

至此，历经93年的南越国消失在历史的长河里。但它却留下了数以万计的财宝，几千年来人们围绕着几代国王的财宝寻踪觅迹，有的可能被盗掘，有的还深埋地下，还有的已被考古队员发掘出来。

"文帝行玺"印

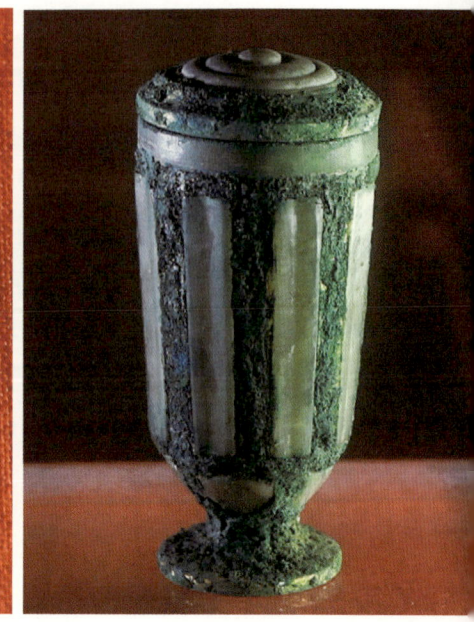

南越王墓出土文物

一座古墓，一座宝库

今天，在南越王赵眜古墓的上方，一座具有现代设计风格的古墓博物馆矗立在这里。当游人漫步在博物馆精美的文物陈列之间时，他们感受到的是两千多年前这个地方王国曾经的强盛与荣耀。

在南越王墓中，玉器是墓主人最重要的陪葬品。汉代贵族盛行佩玉之风，深受汉文化影响的南越国延续了这种传统。当年在墓主人的尸身位置发现的大量小玉片，人们还困惑这些玉片的用途，等到完整取回博物馆，经过三年的时间复原，终于展现了它最初的模样。

这是一套用丝线串联的玉衣，全长 1.73 米，共用玉片 2200 多枚，可以说这是汉代最高规格的随葬品。把玉片覆盖

玉衣

在死者身上，便可以追求死后的尸身不朽。在赵眜的头顶部位还镶嵌了一块青绿色的玉璧，这种玉璧古人称为玄璧，汉代先人认为玉璧中的圆孔是死者灵魂升天的通道，可以让灵魂出入玄璧。

赵眜下葬用玉衣入殓，想必执政南越国67年的南越王赵佗一定也会用玉入殓。按照金缕、银缕和铜缕以及丝缕的等级，赵佗可能会穿着一套规格更高的玉衣下葬。

在赵眜的头下还有一个用一袋珍珠做成的枕头。在古人看来，珍珠有着和玉器一样的神性，能保墓主人尸身不朽。

不仅如此，赵眜的遗骸旁还放着一件精致的玉杯，叫承盘高足杯。今天的学者认为这件杯子有着很特别的用途，据说汉代先人用它来盛接露水，露水被认为是神仙施降的，饮甘露则

出土的承盘高足杯

可不朽。史书记载，汉武帝在长安建造过一个巨大的仙人承露盘，这些盛接的露水可直接饮用，但它更重要的用途是服用仙药。

秦汉时期上层贵族盛行服药求仙的风尚，有人推崇服用玉屑（用玉碾成的粉末），认为将玉屑加在甘露中饮用，是最好的求仙升天之道。那么，南越王赵眜用这个杯子服用的也是玉屑吗？

考古人员在赵眜的身边还发现一件精致的盒子，里面盛装着一种黑色物质，专家推断这些物质就是赵眜的长生不老药。

在墓室的后藏室，考古人员又发现了一些用于制作长生不老药的五色药石：紫水晶、硫黄、雄黄、赭石和绿松石，古人认为服食后可使人长生不老。现代医学专家认为这些药石如果单独少量服用，确有祛湿驱寒、清热解毒的功效，但如果混合到一起大量服用就会引起中毒。

在墓中还出土了两套类似于今天捣药工具的杵臼，可能是南越王当年加工五色药石的工具。所有这些都是为南越王死后继续服用仙药所准备的，但他没想到，正是这些药石加速了他的死亡。

深山里的王国——南越国

出土的药物

出土的五色药石

出土的杵臼

出土的"文帝行玺"和"右夫人玺"印章

　　在墓主人的后藏室，还有一些不朽的故事隐藏其中。在东侧室里，考古人员发现了4位陪葬的殉人和几枚重要的印章。印章显示这4位殉人是墓主人的陪葬夫人，其中两枚印章刻有"文帝行玺"和"右夫人玺"的字样。

　　封建社会等级森严，据文献记载，秦汉时期的礼制规定：诸侯王级别的人物用印不能称玺，只有皇帝、皇后用印才能称玺。"文帝行玺""右夫人玺"的发现，不仅体现了当时殉夫的旧俗，还表明南越王赵眜确实有僭越称帝之举。

257

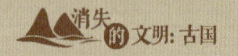

南越国的传说还在继续

南越王赵眜体弱多病、性弱内向，在位 16 年贪图享乐，并没有什么建树。他倒是把自己的墓修得非常豪华，其随葬品有 2000 多套，10000 多件，其数量之多、品种之全、价值之珍贵令世人惊叹。很难想象赵佗在位 67 年之久，他的墓中会有多少奇珍异宝。

赵佗的祖籍是秦代恒山郡的东垣，也就是现在河北省的正定县，经过区划调整，如今为石家庄市郊区东古城。在石家庄市北的赵陵铺保存有赵佗的先祖冢，在其基础上还建有一座赵佗公园。那么，赵佗会不会死后叶落归根，葬在这里呢？

出土的陪葬品

深山里的王国——南越国

从史料记载，赵佗建国后从未踏入中原，因路途遥远更不可能将墓隐藏于此。

在广东省龙川县，人们发现了赵佗当县令时挖过的一口水井，这是岭南打井最早的记录。另外，这里还有很多关于赵佗的历史遗迹。龙川是赵佗在南越起家的地方，也是他开始发展南越的第一站，那么赵佗可能会葬在这里吗？

南越王赵佗的墓葬隐秘之深让后人难以寻找，但根据文献的记载，赵佗的墓葬最有可能在广州城区附近。

在南越王赵眜墓发掘12年后，考古人员在广州市越秀区又有了重大的发现。1995年在广州市中心的一处施工工地，意外发现了一处宫署遗址，最先出土的是一处石构水池和大量瓦当。

在一些瓦片里面，考古

南越王井

南越王庙

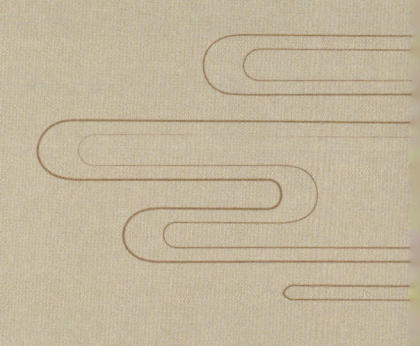

259

消失的文明：古国

出土的瓦当

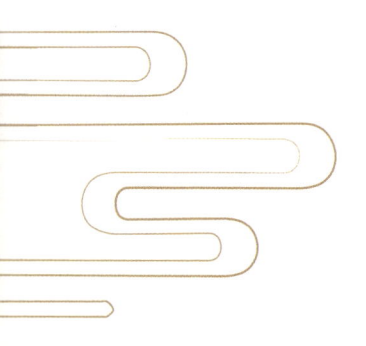

带"番"字的水池石板

人员看到有"宫""官"的戳印，还有很多万岁瓦当。万岁瓦当是王宫里面才能使用的，同时带有"番"字的水池也为皇家专用，这些足以证明这里是南越国时期的建筑遗址。

第二年在石构水池附近，考古人员又发现了一段 150 米长的石渠。渠壁全部用红砂岩铺砌，渠底是大小错乱的鹅卵石，这条人造石渠，斗折蛇行，恰如北方黄河的走势。

这是已知世界上最早的一座园林实景遗址，它是两千多年前南越国的宫廷御花园。在园林遗址西侧，考古人员还发掘出了南越国的一号宫殿遗址。考古学家从大量出土的建筑构件判断，南越国时期已经有了非常高超的建筑水平，有些建筑工艺甚至超过了当时的汉王朝。令人遗憾的是，这组有着宏伟建筑

深山里的王国——南越国

的宫殿群与中国古代大多数宫殿建筑的命运一样，在一场残酷的战争中被焚毁了。

南越国虽然消失在历史的长河中，但关于它的传说还在继续，尤其是那座隐秘了两千多年的南越王赵佗之墓。

南越武王赵佗相传葬于广州禹山，自鸡笼冈北至天井，连山接岭，皆称佗墓。如今传说中禹山早已被夷为平地，唯独附近的越秀山还依然存在。有人推测赵佗之墓藏身之处并不在禹山，而是在越秀山。

古越秀山又称越王山，自古以来就被人们称为风水宝地。南越王在此山建有越王台，每年3月3日，都在此登高欢宴。

据史料记载，秦始皇当年发兵征伐岭南，除了政治因素之外，另外一个原因居然与越秀山的风水有关。据说，秦始皇听人说，广东岭南有天子之气，所以他要把这个风水镇压掉。实际上

挖掘现场

广州南越王博物院

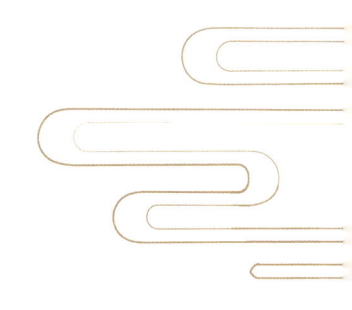

埋葬第二代南越王赵眜的象岗山曾是越秀山的一部分，被这条名为解放北路的大道切割开来以后，才成为独立的象岗山。赵眜墓原来是在越秀山上的。

专家们根据中国传统的风水学说和古代帝王的选陵制度，对第一代南越王赵佗墓的位置做了大胆推测，认为赵佗墓十有八九修筑在越秀山上。

今天的越秀山已经成为一个依山而建的公园，当人们漫步在山岗的某个地方时，有可能就踩在南越国开国君主赵佗的陵墓上。未来在这座墓葬能发现多少宝藏，让我们拭目以待。

广州南越国宫署遗址

深山里的王国——南越国

出土的炊具和餐具

知识链接：南越王赵眜是个资深吃货

出图的螺和贝

南越王墓出土文物除了上文提到的玉器、编钟等，还有大量文物反映了文帝赵眜的生活图景。墓室中的后藏室虽小，却随葬了100多件器物，其中有烤肉用的灶具、煲汤用的铜罐等，各种饮食用具可谓一应俱全。

在后藏室出土的器物中，还装有家禽家畜和海产品，其中包括猪、牛、羊、鱼、甲、贝类食物20种，令人惊讶的是3个陶罐中还发现了200只去头去爪的禾花雀。

广州是中国的饮食之都，天上飞的、地上爬的、水里游的几乎都在烹饪之列，美食已经成为广州的一大特色产业和展示城市名片的响亮招牌。而这种传统，在两千多年前就已经开始，南越国的美食传承一代代延续至今。